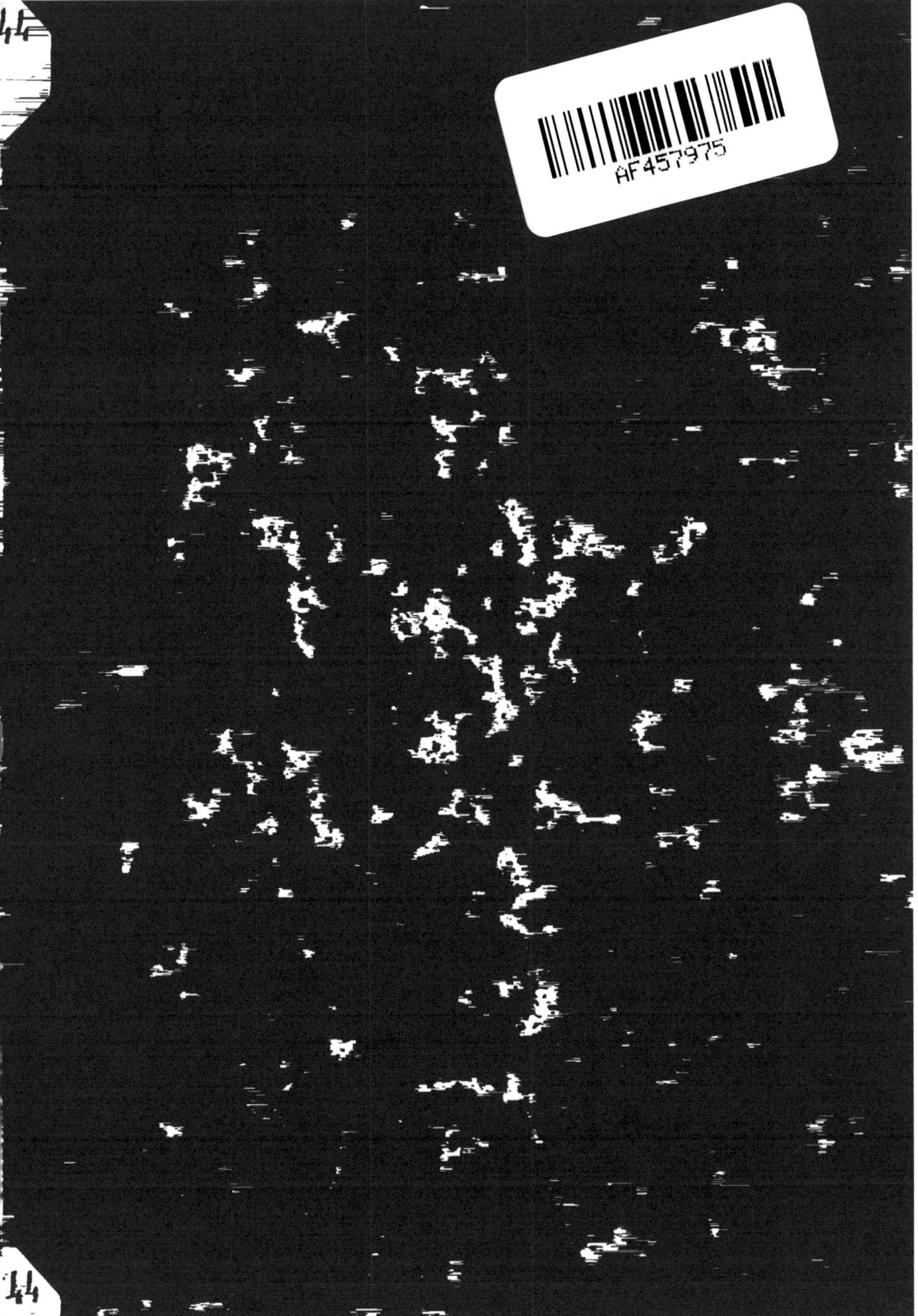
AF457975

LE
SOUPER DE BEAUCAIRE

LE
SOUPER DE BEAUCAIRE

Par Napoléon Bonaparte

PRÉCÉDÉ D'UN AVANT-PROPOS HISTORIQUE

ET DE

LETTRES NAPOLÉONIENNES INÉDITES

PUBLIÉ PAR G. CHARVET

Membre de l'Académie de Nimes et de la Société scientifique et littéraire d'Alais, Correspondant du Ministère de l'Instruction publique pour les travaux historiques.

Là, je le vois, guidant l'obus aux bonds rapides ;
Là, massacrant le peuple au nom des régicides ;
Là, soldat, aux tribuns arrachant leurs pouvoirs ;
Là, consul jeune et fier, amaigri par les veilles,
Que des rêves d'empire emplissaient de merveilles,
Pâle sous ses longs cheveux noirs.

V. Hugo, *Les Orientales.*

AVIGNON

SEGUIN FRÈRES, IMPRIMEURS-ÉDITEURS

13, rue Bouquerie, 13

1881

AVANT-PROPOS

I

La curiosité humaine est ainsi faite qu'elle s'attache, de préférence, à la période la moins connue de l'existence des hommes qui ont conquis dans l'histoire une haute renommée. « Quand un homme est devenu fameux, on lui compose des antécédents : les enfants prédestinés, selon les biographes, sont fougueux tapageurs, indomptables ; ils apprennent tout ou n'apprennent rien, le plus souvent aussi ce sont des enfants tristes, qui ne partagent point les jeux de leurs compagnons, qui rêvent à l'écart et sont déjà poursuivis du nom qui les menace » (1).

La date de leur naissance, les moindres particularités de leur enfance ou de leur jeunesse sont l'objet de recherches minutieuses et parfois puériles. On veut à tout prix retrouver, dans les premières années des grands hommes, les pronostics de leur future destinée. Bonaparte n'a point échappé à cette loi fatale, et les moindres indices qu'on a pu dé-

(1) Chateaubriand, *Mémoires d'Outre-Tombe*, t. III, p. 23.

couvrir sur ses années obscures ont été recueillis et parfois exagérés.

Nous glisserons rapidement sur cette première période de l'existence du futur empereur, préférant nous circonscrire au récit de certains épisodes peu connus de sa jeunesse et de sa carrière militaire, qui se rattachent plus intimément au sujet de cette étude.

Dans son enfance, Napoléon ressemblait sans doute à tous les jeunes garçons de son âge : « Je n'étais, dit-il, qu'un enfant obstiné et curieux. » Mêlé aux luttes enfantines de la ville et du faubourg d'Ajaccio, il montra, dès cette époque, un caractère emporté.

Élevé d'abord dans la maison paternelle (1), puis au collège de sa ville natale, il quitta son pays, à neuf ans, à la suite de son père, nommé, en 1778, député de la noblesse de Corse. Il ne revit son île que neuf ans après.

Un moment élevé au collège d'Autun, avec ses deux frères Joseph et Lucien, en janvier 1779, il obtint, le 23 avril suivant, par la protection du comte de Marbeuf, gouverneur militaire de la Corse, une bourse à l'école militaire de Brienne.

« A son entrée à l'école de Brienne, dit Lanfrey, on découvre dans Bonaparte un caractère concentré, résolu, une humeur volontiers batailleuse, et, malgré des éclairs de gaîté, une disposition d'esprit singulièrement assombrie, dans un si jeune enfant. La dureté du sort avait retranché en lui tout le luxe aimable de l'enfance. Il s'isolait, s'ouvrait rarement à ses camarades, en était peu aimé et ne se mêlait presque jamais à leurs jeux.

« Mécontent, aigri, tourmenté déjà par une inquiète activité, qui était la première fermentation de son génie, il vivait en solitaire et passait pour insociable » (2).

Transporté loin de son pays, de sa famille, au milieu d'habitudes toutes nouvelles pour lui, il devint grave, méditatif, sombre. Un monde qu'il ne soupçonnait pas se révélait à lui : il se recueillit en lui-même,

(1) Le colonel Boyer-Peyreleau, d'Alais, avait un frère, Hugues Boyer, lieutenant de marine, qui fit partie de l'expédition de Corse, en 1768, et donna, dit-on, plus tard, des leçons de mathématiques aux enfants de la famille Bonaparte.

(*Renseignement communiqué par M. A. Canron*).

(2) P. Lanfrey, *Hist. de Napoléon*, t I, p. 10, 11 et 12.

plein d'étonnement et de colère, comme pour l'étudier avant d'entreprendre de le combattre. La légèreté française l'offensa tout d'abord. On riait de son accent italien (1); il s'aperçut que la Corse, son héroïque patrie, si rayonnante dans ses souvenirs, était pour ses camarades un pays inconnu, indifférent, dédaigné; il en ressentit une douloureuse surprise; il en conçut une haine farouche contre la France, et l'on conçoit aisément que, dans un moment d'exaspération contre les moqueries dont il était l'objet, il ait pu dire à son condisciple Bourrienne : « Je ferai à tes Français tout le mal que je pourrai ! »

« Bonaparte, dit Mme de Rémusat, se peignait comme ayant toujours été mélancolique, hors de toute comparaison avec ses camarades de tout genre (2).

« J'ai été élevé, disait-il, à l'école militaire, et je n'y montrai des dispositions que pour les sciences exactes. Tout le monde y disait de moi : « C'est un enfant qui ne sera propre qu'à la géométrie » (3). Je vivais à l'écart de mes camarades. J'avais choisi, dans l'enceinte de

(1) « Ce qui déparait Bonaparte », même au temps de sa plus haute fortune, et alors qu'il était obligé de prendre la parole, dans une cérémonie officielle, « c'était le vice habituel de sa prononciation. Ordinairement il faisait rédiger le discours qu'il voulait prononcer; c'était, je crois, M. Maret le plus souvent, quelquefois M. Vignaud, ou M. de Fontanes qui s'en chargeaient. Après, il essayait de l'apprendre par cœur, mais il y réussissait peu, la moindre contrainte lui étant insupportable. Il se décidait toujours en définitive à lire son discours, qu'on avait soin de lui copier en très-gros caractères, car il avait très-peu l'habitude de lire une écriture, et n'aurait rien compris à la sienne. Ensuite il se faisait apprendre à prononcer les mots ; mais il oubliait, en parlant, la leçon qu'il avait reçue, et, d'un son de voix un peu sourd, d'une bouche à peine ouverte, il lisait ses paroles avec un accent encore plus étrange qu'étranger, qui avait quelque chose de désagréable et même de vulgaire. J'ai souvent entendu dire à un grand nombre de personnes qu'elles ne pouvaient se défendre d'une impression pénible en l'écoutant parler en public. Ce témoignage irrécusable donné, par son accent, de son *étrangeté* à l'égard de la nation, frappait l'oreille et la pensée désagréablement. J'ai moi-même éprouvé quelquefois cette sensation involontaire. »

(*Mémoires de Mme de Rémusat*, t. III, ch. XXV, p. 204, 205).

(2) Cette disposition d'esprit ne le quitta jamais. Au temps de sa puissance, M. de Talleyrand disait à M. de Rémusat : « Je vous plains; il vous faut amuser l'*inamusable*. »

(3) Toutes les conceptions de Napoléon lui venaient de son génie, mais il manquait d'instruction et d'éducation : « Quel dommage qu'un si grand homme soit si mal élevé ! » disait de lui M. de Talleyrand.

l'école, un petit coin où j'allais m'asseoir pour rêver à mon aise ; car j'ai toujours aimé la rêverie. Quand mes compagnons voulaient usurper la propriété de ce coin, je le défendais de toute ma force. J'avais déjà l'instinct que ma volonté devait l'emporter sur celle des autres, et que tout ce qui me plaisait devait m'appartenir » (1).

« Bonaparte, ajoute Chateaubriand, n'avait pas, au début de sa vie, le moindre pressentiment de son avenir ; ce n'était qu'à l'échelon atteint qu'il prenait l'idée de s'élever plus haut ; mais s'il n'aspirait pas à monter, il ne voulait pas descendre : on ne pouvait arracher son pied de l'endroit où il l'avait une fois posé » (2).

⁂

Sorti de Brienne le 14 octobre 1784, Bonaparte passa, la même année, à l'école militaire de Paris, comme élève du roi aux cadets-gentilshommes, cinq mois avant la mort de son père, qui succomba à Montpellier, en février 1785, à l'âge de 36 ans, des suites d'un cancer de l'estomac, maladie dont devait hériter et mourir à son tour le futur prisonnier de Sainte-Hélène.

De son côté, Lucien Bonaparte entré avec ses deux frères, Napoléon et Joseph, en janvier 1779, au collège d'Autun, où leur père avait obtenu pour eux trois bourses, y avait séjourné près de deux ans; puis, sur une demande adressée au maréchal de Ségur, il avait été admis, en 1783, à l'école de Brienne, où il resta un an auprès de Napoléon. Mais dans le courant de la seconde année, ennuyé du départ de son frère, il prenait une résolution tout-à-fait inattendue, et s'échappait de Brienne pour aller terminer ses études au petit séminaire d'Aix en Provence, avec l'intention, un peu précipitée, d'embrasser l'état ecclésiastique. Il arriva en effet à Aix, chez M. le comte d'Isoard, précédé auprès de lui par la lettre suivante de son frère Joseph (3) :

(1) *Mémoires de Mme de Rémusat*, t. I, p 296, 297.

(2) Chateaubriand, *Mémoires d'Outre-Tombe*, t. III, p. 25.

(3) L'original de cette lettre, dont nous devons une copie à notre savant ami M. William-C.-Bonaparte Wyse, qui lui-même l'a obtenue du petit-fils de celui à qui elle était adressée, fait partie de la superbe collection de *Lettres historiques* inédites que possède M le comte d'Isoard-Vauvenargues, d'Aix-

« Monsieur et cher ami,

« Je profite de l'occasion que m'offre un de mes compatriotes pour avoir l'honneur de vous donner de mes nouvelles, qui en effet sont telles que je désire que soient celles de toute votre charmante famille.

« Au mois de novembre, j'espère avoir l'honneur de vous revoir à Aix où je ferai mon droit. Je vous prie de présenter mes respects à Madame votre mère, Messieurs vos frères et tous ceux de ma connaissance.

« Je m'imagine qu'un de mes frères sera arrivé à Aix ou du moins y arrivera bientôt. C'est un échappé de l'école militaire de Brienne qui, ne se sentant aucune disposition pour le service de notre bon Roy, se réfugie au petit-séminaire d'Aix où, à l'ombre de l'autel, il puisse en liberté suivre son inclination et *augumenter* le *Beat Escadron*

« Je vous prie de lui témoigner le 4 des bontés que vous avez *eu* pour moi et il aura lieu de vous remercier infiniment.

« J'ai l'honneur d'être, avec le plus sincère attachement, Monsieur et cher ami, votre très humble et très affectionné serviteur et ami.

« BUONAPARTE

« 26 août 1785. »

Mais peu après son arrivée à Aix, Lucien ne tardait pas à abandonner le séminaire pour aller habiter auprès de son oncle, l'abbé Fesch.

En même temps, Napoléon quittait l'école de Paris, le 1er septembre 1785, à l'âge de 16 ans, et entrait, comme lieutenant en second, dans la compagnie des bombardiers d'Autun, au régiment d'artillerie de La Fère, en garnison à Valence.

en-Provence, et qu'il tient directement de sa famille. « Dans cette magnifique série de lettres, nous écrit notre ami M. E. Bondurand, figurent des autographes de souverains, papes, cardinaux, princes et ministres de ce siècle, échangés avec Mme la comtesse d'Isoard, grand-mère du possesseur actuel, ou avec le cardinal d'Isoard, son oncle, ou avec son père. Les affaires du Concordat et de Rome, pendant le premier Empire, sont dévoilées tout au long dans ces lettres qui mériteraient une étude approfondie et une publication méthodique. » La publication de ces documents, vivement désirée par tous les amis de la science historique, éclaircirait sans doute bien des points demeurés obscurs de la période révolutionnaire et de l'histoire du premier Empire.

C'est dans cette ville que, sous l'influence d'une femme aimable et distinguée, Mme du Colombier, il fut introduit dans le monde.

« C'est alors, dit Lanfrey, que commença à se révéler en lui ce charme insinuant et plein de séduction qu'il savait parfois donner à son langage, d'ordinaire brusque et direct, quand il n'était pas impérieux » (1).

« Lorsque j'entrai au service, a dit Napoléon, je m'ennuyai dans les garnisons ; je me mis à lire des romans, et cette lecture m'intéressa vivement. J'essayai d'en écrire quelques-uns (2) ; cette occupation mit du vague dans mon imagination, elle se mêla aux connaissances positives que j'avais acquises, et souvent je m'amusais à rêver, pour mesurer ensuite mes rêveries au compas de mon raisonnement. Je me jetais, par la pensée, dans un monde idéal, et je cherchais en quoi il différait précisément du monde où je me trouvais jeté. J'ai toujours aimé l'analyse, et, si je devenais sérieusement amoureux, je décomposerais mon amour pièce à pièce » (3).

°°°

De 1786 à 1792, Bonaparte séjourna successivement, avec les corps d'artillerie dont il faisait partie, à Lyon (1786) ; à Douai (octobre 1787 à janvier 1788) ; à Auxonne (1788) ; à Valence (1789) ; à Douai (1790) ; à Auxonne et à Valence (1790).

C'est dans la première période de l'intervalle compris entre ces deux dates, que le jeune disciple de Rousseau semble avoir été tenté de se tuer.

« Mille béjaunes, dit Chateaubriand, sont obsédés de l'idée du suicide, qu'ils pensent être la preuve de leur supériorité » (4).

°°°

Bonaparte était en garnison à Valence quand la Révolution éclata :

(1) P. Lanfrey, *Histoire de Napoléon Ier*, t. I, p. 13.
(2) *Le Masque prophète ; le Roman Corse ; le Comte d'Essex.*
(3) *Mémoires de Mme de Rémusat*, t. I, p. 267, 268.
(4) Chateaubriand, *Mémoires d'Outre-Tombe*, t. III, p. 27.

il s'associa chaleureusement au mouvement, applaudit à la plantation du premier arbre de la liberté, dans Vizille, condamna sévèrement l'émigration et contint ses soldats.

C'est dans les premiers mois de l'année 1791, qu'étant en garnison à Auxonne, après un court séjour à Douai, il fit imprimer à Dôle, chez F -X. Joly, sa lettre à Buttafuoco, pamphlet plein d'amertume et non exempt de déclamation, dirigé contre ce député de la noblesse Corse qui avait demandé que son pays fût excepté de la Constitution votée par l'Assemblée.

Nommé lieutenant d'artillerie en premier, le 1er avril 1791, il séjournait de nouveau à Valence, du commencement de mai à la fin de septembre de cette même année.

A cette époque, il fréquenta assidûment les clubs de sa nouvelle garnison.

Le 8 février 1791, il écrivait à son frère Lucien, de Serve, près St-Vallier, en Dauphiné : « J'ai vu à Valence un peuple résolu, des soldats patriotes, et des officiers aristocrates ; cependant le président du club est un capitaine..... Le club est ici composé de deux cents personnes..... Les femmes sont partout royalistes. Ce n'est pas étonnant : la liberté est une femme plus jolie qu'elles, qui les éclipse. »

« Ce pays-ci, écrivait-il encore le 27 juillet suivant, est plein de zèle et de feu. Dans une assemblée composée de vingt-deux sociétés des trois départements, l'on fit, il y a quinze jours, la pétition que le Roi fût jugé..... J'ai porté un toast aux patriotes d'Auxonne... . Ce régiment-ci est très-sûr en soldats, sergents et la moitié des officiers..... Le sang méridional coule dans mes veines avec la rapidité du Rhône. »

⁂

Le 20 octobre 1791, Bonaparte était rappelé en Corse par la mort de son grand-oncle, l'archidiacre Lucien, devenu le protecteur de la famille depuis la mort de Charles Bonaparte. A son arrivée dans l'île, il faillit succomber aux atteintes d'une fièvre maligne contractée au milieu des salines de la côte.

Deux bataillons de garde nationale soldée s'organisaient alors en Corse ; les soldats nommaient leurs officiers, et trois commissaires du

Directoire départemental, chargés de composer le bataillon d'Ajaccio devaient exercer une certaine influence sur les élections. Napoléon, âgé de 22 ans, et assuré du peuple de la ville, résolut d'y obtenir, de vive force, le grade de chef de bataillon. Deux des commissaires étaient descendus dans sa famille ; il fait enlever le troisième chez le chef du parti opposé ; laisse arracher ses adversaires de la tribune dans l'assemblée électorale ; est nommé lieutenant-colonel en second du bataillon de Quenza, et, malgré les menées de ses adversaires, en Corse et à Paris, sa nomination est confirmée le 27 février 1792. Déjà, quelques jours auparavant, le 6 février, il avait été nommé, par avancement dans son arme spéciale, capitaine en second au 4e régiment d'artillerie.

A cette époque P. Paoli, rentré dans sa patrie en 1790, lui témoignait la plus grande affection. Leurs rapports changèrent après la lutte que soutint, du 8 au 12 avril 1792, contre les habitants d'Ajaccio et les troupes de la garnison, le premier bataillon de la garde nationale, auquel était passé Napoléon le 2 avril précédent. Ce bataillon fut disséminé de différents côtés, et Napoléon, en froid avec Paoli, dont il pressentait la défection, visita, au point de vue militaire, les environs de Corte, puis il partit pour Paris avec le triple but de réduire à néant les accusations de Péraldi au sujet des troubles d'Ajaccio, qu'on lui imputait non sans raison ; d'obtenir dans l'artillerie un avancement qui lui fut alors refusé, et enfin de ramener en Corse sa sœur Élisa qui finissait son éducation à St-Cyr.

On retrouve Bonaparte à Paris, en mai 1792, avec Bourrienne. Privé de toute ressource, il s'était fait, dit-on, industriel : il prétendait louer des maisons en construction dans la rue Montholon, avec le dessein de les sous-louer. Après le décès d'un marchand de vin de la rue Sainte-Avoye, Bonaparte figure, dans un inventaire, à l'appel d'une dette de loyer de 15 francs qu'il ne put acquitter. Il avait même mis sa montre en gage.

° ° °

Pendant ce temps, la Révolution allait son train.

« Je ne comprenais pas grand chose à la Révolution, a dit depuis Napoléon ; cependant elle me convenait. L'égalité, qui devait m'élever, me séduisait. Le 20 juin 1792, j'étais à Paris; la populace marchait contre les Tuileries. Je n'ai jamais aimé les mouvements populaires : je fus indigné des allures grossières de ces misérables ; je trouvai de l'imprudence dans les chefs qui les avaient soulevés, et je me dis : « Les avantages de cette Révolution ne seront pas pour eux » (1).

En voyant déboucher ces cinq ou six mille déguenillés, qui poussaient des hurlements, il dit à Bourrienne : « Suivons ces gueux-là » ; et il alla s'établir sur la terrasse du bord de l'eau. « Lorsque le roi, dont la demeure était envahie, parut à l'une des fenêtres coiffé du bonnet rouge, Bonaparte s'écria avec indignation : « *Che coglione !* comment a-t-on laissé entrer cette canaille ? il fallait en balayer quatre ou cinq cents avec du canon, et le reste courrait encore » (2).

« A partir de ce moment, ajoutait Napoléon, je conclus que Louis XVI avait cessé de régner ; car, en politique, on ne se relève point de ce qui avilit.

« Au 10 août, je sentais que, si l'on m'eût appelé, j'aurais défendu le roi : je me dressais contre ceux qui fondaient la république par le peuple ; et puis je voyais des gens en veste attaquer des hommes en uniforme, et cela me choquait » (3).

Le 3 juillet 1792, Napoléon écrivait de Paris à son frère Lucien :

« Ceux qui sont à la tête sont de pauvres hommes. Il faut avouer, lorsque l'on voit tout cela de près, que les peuples valent peu la peine que l'on se donne pour mériter leur faveur..... Le Français est un peuple vieux, sans préjugés, sans liens. Chacun cherche son intérêt et veut parvenir..... L'on intrigue aujourd'hui aussi bassement que jamais. Tout cela détruit l'ambition..... Vivre tranquille, jouir des affections de la famille et de soi-même ; voilà, mon cher, lorsque l'on jouit de 4 à 5,000 livres de rente, le parti que l'on doit prendre et que l'on a vingt-cinq à quarante ans, c'est-à-dire lorsque l'imagination calmée ne vous tourmente plus » (4).

« Avec son goût inné pour l'ordre et l'autorité, dit Lanfrey, Bona-

(1) *Mémoires de Mme de Rémusat*, t. I, p. 268.
(2) Chateaubriand, *Mémoires d'Outre-Tombe*, t. III, p. 32.
(3) *Mémoires de Mme de Rémusat*, t. I, p. 269.
(4) *Nasica*, ch. VIII.

parte ne pouvait voir sans répulsion le tumulte et les excès de la victoire populaire ; mais la force n'exerçait pas un moindre empire sur son esprit ; et, du jour où il eut reconnu la puissance invincible du mouvement révolutionnaire, il le suivit jusqu'au bout, malgré ses répugnances, et sans en discuter la marche et les accidents » (1).

Tout en détestant ses erreurs démagogiques, Lucien avoue, dans ses Mémoires, qu'il fut, à son début, ardent républicain. Placé à la tète du comité révolutionnaire de St-Maximin en Provence, « nous ne nous faisions pas faute, dit-il, de paroles et d'adresses aux jacobins de Paris. Comme la mode était de prendre des noms antiques, mon *ex-moine* prit, je crois, celui d'Épaminondas, et moi celui de Brutus. Un pamphlet a attribué à Napoléon cet emprunt du nom de Brutus, mais il n'appartient qu'à moi. Napoléon pensait à élever son propre nom audessus de ceux de l'ancienne histoire, et, s'il eût voulu figurer dans ces mascarades, je ne crois pas qu'il eût choisi celui de Brutus » (2).

⁂

Un des principaux motifs qui avaient ramené Bonaparte en France, en avril ou en mai 1792, était, avons-nous dit, de reconduire en Corse sa sœur Élisa, à la suite de la suppression de la maison de St-Cyr, où elle finissait son éducation.

C'est à cette occasion qu'il écrivit, à l'administration de Versailles, la pétition suivante :

« Messieurs les administrateurs de Versailles,

« Buonaparte, frère et tuteur de la demoiselle Marianne (3) Buonaparte, a l'honneur de vous exposer que la loi du 7 aoust et plus particulièrement l'article *aditionelle*, décrété le 16 du même mois, *suprimant*

(1) P. Lanfrey, *Histoire de Napoléon Ier*, t. I, p. 25.

(2) *Mémoires de Lucien Bonaparte, prince de Canino, écrits par lui-même* ; Paris, 1836, in-8° et in-12.

(3) Marie-Anne, qui se fit appeler plus tard Élisa Bonaparte, devint princesse Bacciochi, princesse de Lucques et de Piombino, en 1805, et grande duchesse de Toscane, en 1808.

la maison de St-Louis, il vient réclamer l'exécution de la loi et ramener dans sa famille la dite demoiselle sa sœur ; des affaires très-instantes et de service *publique* l'obligent à partir de Paris sans délai, il vous prie de vouloir bien ordonner qu'elle *jouise* du bénifice de la loi du 16, et que le *thresorié* du *distric* soit *autoriser* à lui *escont̃er* les 20 s. par *lieu* jusqu'en la municipalité d'*Ajacio*, Corse, lieu du domicile de la dite demoiselle, où elle doit se rendre auprès de sa mère.

« Avec respect,

« BUONAPARTE.

« 1er septembre 1792. »

Bonaparte ne tarda pas à obtenir le congé qu'il sollicitait pour accompagner sa sœur ; bientôt il quittait Paris, à la suite des massacres de septembre, et ce fut lui qui apporta à Ajaccio, où il arriva le 25 du même mois, la première nouvelle de la proclamation de la République française.

° ° °

Nous ne saurions dire à quels moments de l'année 1792 il convient de rapporter les deux séjours successifs que, suivant une tradition, Bonaparte aurait faits à Nimes à cette époque. S'il faut en croire M. Perrot (1), Napoléon aurait habité, pendant quatre mois, à deux reprises différentes, en 1792, une modeste chambre à alcôve située au troisième étage de la maison Brahic, qui occupe le n° 4 de la petite rue Trélis (2), joignant la place du Grand Temple à la rue latérale du Collége. Cette maison appartenait alors à un M. Michel.

Le récit un peu fantaisiste de M. Perrot contient plusieurs invraisemblances. En premier lieu, Bonaparte n'ayant guère resté que quatre mois en France, de mai à septembre 1792, il faudrait qu'il eût passé tout ce temps à Nimes ; et pourtant on le trouve à Paris en juin et en

(1) G.-F.-A. PERROT, *Lettres sur Nimes et le Midi*, p. 304-306.

(2) La rue *Trélis*, qui relie la rue latérale du Collège à la rue Curaterie, s'appelait autrefois rue *des Fèdes*, à raison de son voisinage du marché *aux brebis*, qui se tenait jadis près de la porte des Carmes. Sa nouvelle dénomination ne date que de l'année 1857.

(ALB. MICHEL, *Nimes et ses rues*, t. II, p. 372).

août de la même année. En second lieu, Napoléon ne fut nommé capitaine qu'au 8 mars 1793, et ne l'était point par conséquent en 1792. Pour que le récit de M. Perrot eût quelque caractère de vraisemblance, il faudrait que Bonaparte eût passé par Nimes une première fois à son retour de Corse, en avril ou mai 1792, la seconde, lors de son séjour à Avignon ou de son expédition de Beaucaire à l'époque du fédéralisme. Nous admettrions plus volontiers la version de M. César Fabre, qui fait venir Napoléon à Nimes, en 1791, dans les mêmes conditions, et alors qu'il était en garnison à Valence (1).

o o o

Pendant son séjour en Corse, au commencement de la Révolution, Bonaparte avait pris part au mouvement populaire d'Ajaccio, en faveur de l'indépendance de l'île.

Désigné, le 10 janvier 1793, au commandement de l'artillerie de l'expédition de Sardaigne, qui échoua par suite de mesures mal combinées, il avait été nommé, le 8 mars 1793, capitaine en premier du 4e régiment d'artillerie, au moment même où Paoli, insurgé contre la France, licenciait en Corse les bataillons de la garde nationale soldée.

Devenu bientôt l'adversaire de ce mouvement national, qu'il avait glorifié avec tant d'ardeur, Bonaparte organisa secrètement à Ajaccio une sorte de conspiration, dans le but de surprendre la citadelle et de rendre cette ville à la République française. Il entra en correspondance avec les conventionnels Salicetti, Lacombe St-Michel, Delcher, chargés de l'arrestation de Paoli, et fut nommé par eux inspecteur de l'artillerie de Corse. Mais malgré l'activité et la surprenante obstination qu'il apporta dans l'exécution de ce dessein, il ne réussit qu'à envelopper les siens dans son propre danger. Il fut poursuivi, déclaré traître à la patrie, et n'échappa qu'à grand peine dans les premiers jours de mai 1793. Il se réfugia à Bastia, auprès des commissaires de la Convention, les décida à tenter sur Ajaccio une expédition qui

(1) *Mémorial du Gard*, journal d'Alais, VIe année, n° 275, du dimanche 2 nov. 1845. — *Bonaparte à Nimes en 1791.*

échoua malgré son énergie, mais qui lui permit de recueillir sa famille proscrite et errante sur la grève. Il la conduisit d'abord à Calvi, d'où enfin il quitta définitivement la Corse ; et, de concert avec son frère Joseph, il établit sa mère et ses sœurs à Nice, puis à La Valette, près de Toulon, d'où, un peu plus tard, le siège de cette ville les contraignit à se réfugier à Marseille, où elles vécurent pendant quelque temps dans une situation voisine de la détresse.

II

A son arrivée sur le continent, Bonaparte trouvait la France dans une situation des plus critiques.

Le coup d'État du 31 mai 1793 avait consommé la chute des Girondins, sous les efforts combinés de la *Montagne* et de la *Plaine*. Vingt-deux membres de la Gironde avaient été arrêtés le 2 juin ; d'autres s'étaient enfuis dans les départements qu'ils tentèrent de soulever; mais ils ne rencontrèrent en France aucun élan d'unanimité, aucun ensemble de résistance.

Il n'entrait certainement pas dans l'esprit des Girondins d'établir en France un gouvernement fédératif : ils avaient simplement pour but de secouer, au nom des départements, le joug de Paris, considéré comme voulant s'imposer au restant de la France ; et le dessein prêté aux Girondins, d'établir un lien fédéral, en composant, des 83 départements français, 83 États particuliers égaux entre eux, a pu, avec raison, être appelé par M. Thiers « la calomnie du fédéralisme. »

La Normandie et plusieurs départements de l'Est, soulevés par Pétion, Barbaroux, Guadet, Lanjuinais, Louvet, Buzot, etc., formèrent une armée de résistance destinée à marcher sur Paris, mais qui fut dispersée à Vernon, le 24 juillet.

Le 13 du même mois, Charlotte Corday poignardait Marat, et l'irritation populaire causée par cette mort, laissait dès lors prévoir le sort réservé aux Girondins prisonniers après la victoire de la Convention.

A ce moment, trois départements étaient en révolte ouverte, et soixante autres hésitaient.

La ville d'Alais fut une des premières à pousser le cri de guerre contre Paris et la Convention par sa proclamation du 9 juin 1793. Elle fut imitée par Nimes, Uzès, Beaucaire et les autres principales villes du Gard.

L'administration départementale, suivant ce mouvement, se mit aussi en pleine révolte et lança, le 13 juin, une proclamation par laquelle elle appelait le peuple à l'insurrection, et prenait des mesures pour organiser la résistance.

Les Montagnards jugèrent que la République ne pouvait être sauvée que par une concentration absolue du pouvoir. Le 24 juin la Constitution fut votée, et, le 10 octobre suivant, l'Assemblée exprimait la nécessité de sa dictature temporaire sous cette formule concise : « Le gouvernement est déclaré révolutionnaire jusqu'à la paix. »

Menacée à l'intérieur comme à l'extérieur, la Convention soutint la lutte avec une incroyable ardeur, « redoublant d'énergie et de rage, dit Jomini, à mesure qu'elle découvrait un nouveau danger et de nouveaux revers. »

Le mouvement fédéraliste ne rencontra pas partout le même enthousiasme. Il fut combattu dans plusieurs provinces, notamment en Bourgogne. La politique des Girondins trouva aussi d'ardents adversaires dans les armées. Louis Davout, le futur prince d'Eckmühl, n'avait pas attendu, pour se prononcer, que la fortune se fût déclarée contre ce parti.

« Les conspirateurs de l'intérieur et les ennemis déclarés de la République, écrivait-il le 2 juin 1793, avant de connaître les évènements de Paris, trouveront toujours le bataillon sur leurs pas, prêts à s'opposer à leurs infâmes projets ; car notre patriotisme n'est point équivoque ; il n'est point de circonstance ; nous sommes et nous mourrons, telle chose qui arrive, républicains. L'âme de Pelletier est passée dans les nôtres ; c'est assez vous dire quelles sont nos opinions et quelle sera notre conduite dans la crise où peut-être va nous plonger de nouveau une faction qui cherche à mettre la guerre civile entre les départements et Paris. Nous espérons qu'aucuns de nos concitoyens ne se laisseront égarer par la perfide éloquence de ces agents républicains. Déployez toute votre énergie, elle est plus que jamais nécessaire ; surveillez tous ces Tartufes modérés, ces hommes suspects ; surveillez-les de si près, qu'ils perdent, dès ce moment, l'espoir de réaliser leurs infâmes projets »

A ce même moment, un de nos compatriotes, qui devait devenir plus tard lieutenant-général de l'empire, le chef de bataillon Gilly, adressait aussi, de l'armée des Pyrénées, au Directoire de notre département, au nom du 2e bataillon des grenadiers du Gard, qu'il commandait, une virulente apostrophe.

Ennemis déclarés de la Gironde, faut-il supposer pour cela que Davout et Gilly fussent vraiment partisans de la Montagne ? Il y aurait bien plutôt lieu d'admettre qu'ils furent de tout temps partisans déclarés de l'unité de pouvoir et de la prépondérance de l'État.

On en a pour preuve une lettre écrite par Davout, peu avant l'émeute du 1er prairial 1795, à son compatriote Bourbotte, qui, comme on le sait, paya de sa vie, en compagnie de Romme, Ruhl, Soubrany et autres, cette tentative de résurrection terroriste. Cette lettre, connue depuis longtemps, est fort belle, et Davout s'y montre aussi tiède pour la Montagne, que nous venons de le voir ardent contre la Gironde. Ce qui lui déplaît visiblement avant tout, c'est l'esprit de secte, dans lequel il voit un agent d'anarchie et de guerre civile, et un obstacle malfaisant à l'établissement d'un gouvernement vraiment national, qui ne tienne compte que de la patrie.

⁂

Quoi qu'il en soit, les administrateurs du Gard restèrent absolument sourds aux adjurations de Gilly et de ses compagnons d'armes. Il fut en conséquence décidé qu'une force départementale de 1,200 hommes serait levée, et un Comité de Salut public institué.

Les levées de troupes faites dans le pays se réduisirent à peine à 700 hommes, qui furent dirigés sur le Pont-Saint-Esprit, sous les ordres de Marignac et Gardo, où ils devaient attendre les Marseillais, pour marcher avec eux au secours de Lyon, et de là sur Paris, en soulevant les départements sur leur passage.

La conflagration devenait générale : la Lozère, en pleine révolte, avait arboré le drapeau blanc ; la Vendée était en feu ; Lyon opérait son mouvement en faveur du fédéralisme

En présence de ces évènements, et sans attendre les ordres de la Convention, le représentant Dubois-Crancé avait concentré, à Valence, une petite armée contre-fédéraliste de 4,000 hommes, désignés sous le nom d'Allobroges (1). Cette armée s'avança vers le Midi pour combat-

(1) Le département des Allobroges, où avait été recrutée la petite armée de Carteaux, conserva ce nom de 1793 à 1815. Il se composait de la Savoie et d'une partie des départements de l'Isère et de la Drôme. C'était le 84e dépar-

tre les fédérés, sous les ordres du général Carteaux, officier inexpérimenté, qui s'était fait précéder d'une proclamation par laquelle il exhortait ses soldats à faire leur devoir contre les rebelles : « Il ne sera pas versé une goutte de sang, disait-il, s'ils rentrent dans leur devoir ; mais s'ils ne veulent pas écouter la voix de la patrie, qui nous appelle vers les frontières et les ennemis extérieurs, eh bien ! je les laisserai tirer encore les premiers sur moi ; mais alors nous leur prouverons que les armes que la République a mises entre nos mains triompheront toujours des ennemis de la Liberté et de l'Égalité (1). »

Or les Marseillais, qui s'étaient mis en marche dès le 23 juin (2), n'arrivèrent pas à temps au Pont-Saint-Esprit, se contentant d'occuper Avignon, au nombre de 4,000 ; et, dès le 14 juillet, Carteaux, accompagné du représentant Albitte et des commissaires Rovère et Poultier, envoyés par la Convention, faisait, à cinq heures du soir, son entrée dans la citadelle du Pont-Saint-Esprit, que venaient d'évacuer devant eux les troupes envoyées par le département du Gard (3).

⁂

A sa rentrée en France, en mai 1793, et sur le point de rejoindre son régiment, Bonaparte avait été mis en réquisition à Nice, et em-

tement français, et il comprenait l'ancien territoire gaulois que l'on présume avoir été occupé par la tribu des Allobroges.

(1) *Documents révolutionnaires*, collection Charvet ; pièce imprimée.

(2) *Courrier d'Avignon*, du 25 juin 1793.

(3) Voir le *Rapport* du représentant Albitte, daté de Pont-Saint-Esprit, le 17 juillet 1793, et lu dans la séance de la Convention du 23 juillet suivant (*Moniteur universel*, du mercredi 24 juillet 1793, t. XVII, p. 203-204). Dans ce rapport, Albitte annonce prématurément en ces termes l'évacuation d'Avignon par les Marseillais, qui n'en furent délogés que dix jours plus tard · « Je venais, dit-il, de faire verser le vin de la liberté, et j'avais à peine bu à la ronde, avec le général et nos braves soldats, qu'un Allobroge, couvert de sueur, est venu nous annoncer qu'Avignon était en notre pouvoir. Aussitôt une portion de notre petite armée s'est mise en marche pour s'y rendre ; le reste partira demain avec le général et moi. »

Cette fuite provisoire des Marseillais avait été causée par la nouvelle de l'occupation du Pont-Saint-Esprit, par l'armée de Carteaux ; mais ils revinrent deux jours après dans Avignon, d'où ils ne furent définitivement chassés que le 27, par Bonaparte, comme nous le verrons plus loin.

ployé aux opérations les plus délicates, par le général Dugear, commandant de l'artillerie à l'armée d'Italie.

Au mois de juin suivant, il était envoyé à Valence, pour conduire à cette armée un convoi de munitions de guerre.

« Vers la fin de juin 1793, deux ou trois jours avant l'entrée des Marseillais dans Avignon, dit un témoin oculaire, nous vîmes arriver un convoi de quarante charrettes chargées de poudre (1). Ce convoi était commandé par un jeune capitaine d'artillerie, à peine âgé de vingt-trois ans, détaché du régiment de Valence, pour conduire ces munitions à l'armée d'Italie : c'était Napoléon Bonaparte.

« Les Marseillais occupaient les deux bords de la Durance, et le convoi ne pouvant plus continuer sa route sans tomber au pouvoir de l'ennemi, Bonaparte mit son chargement à couvert dans la grande tour de l'ancien arsenal (2), et attendit une occasion favorable pour se remettre en route. Il fut logé, par billet, chez M. Bouchet (3), ancien

(1) On lit dans le journal manuscrit et inédit du notaire Chambaud, d'Avignon : « Le dimanche 30 juin 1793, il arriva, sur le Rhône, une grande quantité de poudre, dans des barriques, venant de Valence ; on les mit dans la ville » (Ch.-Dom. Chambaud, notaire à Avignon, *Journal manuscrit*, 1788-1793, 1re partie, f° 158, verso). Le convoi de quarante charrettes, dont parle J. Joudou, dut être formé sur le quai du Rhône, à Avignon, au moyen du chargement contenu dans les barques venant de Valence.

(2) Sous la Révolution, il y avait, à Avignon, deux arsenaux : l'un, attenant à l'Hôtel-de-ville, parallèle au local actuel du théâtre, et établi dans l'une des dépendances du couvent de St-Laurent, que la ville avait acquise, à cet effet, des religieuses bénédictines ; l'autre, dans l'intérieur du Palais apostolique, et dans une pièce couverte de peintures en grisaille, qui donne sur la place du Palais.

(3) Bouchet (Pierre-Simon), négociant et littérateur, qui donna l'hospitalité à Napoléon Bonaparte, habitait alors sa maison de la rue Calade, qui comprend aujourd'hui les numéros 21, 23 et 23 bis, en face de l'ancien oratoire de N.-D. des Iles (*).

Six ans après ces évènements, Bonaparte revenant de sa campagne d'Égypte et se rendant à Paris, s'arrêta dans Avignon. Il fit appeler Bouchet et re-

(*) N.-D. des Lys, le mot *ile*, en provençal, étant synonyme de *lys*. Voir le dessin qui représente l'oratoire de N.-D. des Lys, dans le manuscrit illustré de la Bibl. d'Avignon, intitulé : *Seconde partie de ce livre comprenant les églises paroissiales et chapelles dédiées à la Mère de Dieu, que j'ai peu recueillir dans la France*, folio 470. Cet oratoire, dont il restait quelques vestiges, a complètement disparu en 1880.

négociant, qui accueillit son hôte avec toute la bienveillance imaginable (1). »

Bientôt les Marseillais, au nombre de quatre mille, entraient dans Avignon, où ils séjournèrent un mois, égorgeant dans les rues les partisans de la Convention.

Bonaparte n'osait plus sortir de son logement, et, comme il ne touchait plus de solde, sa bourse se vida. Il accepta alors les offres de services de M. Bouchet

Privé de l'activité nécessaire à sa nature ardente, réduit à parcourir une chambre d'une vingtaine de pieds de longueur, Napoléon tomba malade. Les soins les plus affectueux lui furent prodigués, de la part du maître de la maison et de sa servante, qui ne quitta pas le chevet du lit du jeune officier.

Cependant l'armée républicaine, maîtresse du Pont-Saint-Esprit, avait repris l'offensive et sa marche vers le Midi, par la rive gauche du Rhône, dans la direction d'Orange.

Le 22 juillet, le commandant Doppet parut devant l'Isle-sur-Sorgue, avec ses Allobroges (2), et fit inviter la ville à se rendre. Mais le parlementaire chargé de cette mission ayant été tué par les habitants, le

mit à ce négociant, pour la servante dont il avait reçu les soins, une somme de 25 louis. Devenu empereur, Napoléon offrit à son hôte des emplois élevés, mais celui-ci ne voulut accepter que la croix de la Légion d'Honneur et la présidence du tribunal de commerce d'Avignon, qu'il conserva jusqu'à sa mort survenue en 1808.

Barjavel, *Dict. histor. biogr. et bibliogr. de Vaucluse*, à l'art. BONAPARTE.

(1) Pour les détails du siège d'Avignon, de ses préliminaires et de ses suites, voyez 1° J. Joudou, *Écho de Vaucluse* du 20 mai 1841, à l'art. intitulé : *Souvenirs de 93. — Napoléon à Avignon ;* — 2° *Dict. hist. de Barjavel*, t. I, p. 248-250, à l'art. *Bonaparte ;* — 3° J.-B.-M. Joudou, *Avignon, son histoire, ses papes, ses monuments et ses environs*, 1842, p. 247-249 ; — 4° Charles Soullier, *Hist. de la Révolution d'Avignon et du Comtat-Venaissin*, 1844, t. II, p. 146-147 ; — 5° *Journal* manuscrit et inédit du notaire Chambaud, à la Bibl d'Avignon ; 6° *Bulletin national ou papiers-nouvelles de tous les pays et de tous les jours*, nos 192, 199, 201, 202, 206, 207, 213, 216, 219 et 220 ; — 7° P. Larousse, *Dictionnaire encyclopédique*, t. II, p. 928, col. 3 et 4.

(2) L'armée de Carteaux, organisée par ordre du commandant de l'armée des Alpes, du 1er juillet 1793, se composait : 1° de la légion des Allobroges ; 2° du 3e bataillon des Basses-Alpes ; 3° du 1er bataillon du 59e régiment d'infanterie, et 4° de toutes les gardes nationales des départements environnants.

On lit dans le *Journal* manuscrit et inédit de l'abbé François-Félix Laborie, lendemain la ville était prise de vive force, mise à feu et à sang, saccagée par les soldats victorieux ; et le surlendemain, 24 juillet, Carteaux venait camper au Pontet, en vue d'Avignon.

Le même jour, à 9 heures du soir, ce général dépêcha sur cette ville un trompette en parlementaire, pour la sommer de se rendre. Cette mise en demeure commence ainsi :

« Je vous somme de déclarer authentiquement, dans une heure, si vous reconnaissez, *oui* ou *non*, la Convention nationale ; si vous êtes résolus d'obéir et de faire respecter ses décrets. Je vous somme d'ouvrir, dans le même délai et sans aucun retard quelconque, vos portes à l'armée de la Republique, dont chaque soldat demande à grands cris de marcher contre les rebelles. »

Les Avignonais répondirent :

« Nous ne reconnaissons plus la Convention nationale depuis le 31 mai dernier, parce qu'elle n'est plus dans son intégrité. Nous ne sommes pas rebelles pour cela ; au contraire, en vrais républicains français nous désirons que la représentation nationale recouvre cette individualité dont elle est privée. Nous vous requérons donc de vous retirer, et de ne pas nous mettre dans la dure nécessité de repousser la force par la force. »

Sur un refus aussi nettement exprimé, Carteaux leva son camp le même soir, et vint prendre position à côté des remparts, pour commencer le siège dès le lendemain à la pointe du jour.

Nous devons rappeler ici que le même jour, 24 juillet, l'armée des Girondins de l'Ouest avait été dispersée près de Vernon.

En apprenant l'arrivée de Carteaux, Bonaparte quitte la maison de Bouchet ; parcourt les rues d'Avignon sous un déguisement ; étudie l'esprit qui anime les Marseillais et leurs ressources de défense ; monte sur le rocher des Doms ; examine les moyens d'attaque calculés sur la nature des lieux et la dispositions des hauteurs environnantes. Quelques heures lui suffisent pour préciser le moment où, par une manœuvre habile, il portera l'épouvante dans cette armée indisciplinée qui menace la Convention.

d'Alais, à la date du 9 octobre 1793 : « Arrivent (à Alais) 50 houssards dits *de la mort*, que le peuple appelle *Allobroges*. »

Cette mention semblerait donc indiquer que la dénomination d'*Allobroges* s'appliquait spécialement alors à des soldats appartenant à un corps de cavalerie.

Il n'y avait alors de sortie libre d'Avignon que par les portes de l'Oulle, du Rhône et de la Ligne (1), qui, toutes les trois, donnent accès sur le Rhône.

Bonaparte s'échappe furtivement de ce côté, se dirige vers l'armée de Carteaux, arrive au camp des Allobroges, est introduit dans le château de Roberty où Carteaux avait établi son quartier général, se fait reconnaître, et assure qu'avec deux pièces de canon il répond, sur sa tête, de la reddition d'Avignon, le jour même où l'armée républicaine paraîtra sous ses murs.

Les membres du conseil n'hésitent pas à confier au jeune capitaine le commandement de la batterie qu'il sollicite, et il est décidé que l'attaque décisive aura lieu le surlendemain, 26 juillet, à trois heures du matin (2).

L'artillerie de l'armée de Carteaux ne se composait que de huit canons de campagne, tandis que les Marseillais traînaient après eux un matériel considérable.

Bonaparte prend avec lui deux canons de quatre, et vingt artilleurs qui avaient servi sous ses ordres à Valence ; passe le Rhône, avec son détachement, au bac de Roquemaure, et se dirige par la rive droite, à travers les bois de Fours et par le chemin de Pujaut, sur Villeneuve-lez-Avignon.

(1) La porte de la Ligne est ainsi appelée par corruption de l'appellation vulgaire : *Porto de la Legno* — porte du bois — parce que c'est au-devant de cette porte que s'arrêtent les bois de construction qui descendent le Rhône en radeaux flottants, à destination d'Avignon, et que sont établis les principaux entrepôts de bois de charpente et de chauffage de cette ville.

(2) Des renseignements particuliers fixent l'attaque d'Avignon, par l'armée de Carteaux, les uns au 25, les autres au 26, d'autres enfin au 27 juillet. Mais les journaux du temps, et particulièrement le *Bulletin National*, (*Bulletin National ou papier-nouvelles de tous les pays et de tous les jours*, n° 216, du lundi 5 août 1793), mentionnent une première attaque sans résultat, à la date du 25, et font occuper Avignon par l'armée de la Convention dans la soirée du 26. Bonaparte nous paraît d'ailleurs résoudre lui-même cette question dans sa brochure :

« L'armée républicaine, dit-il, n'a point été repoussée, puisqu'elle n'a fait aucune attaque en forme (le 25) : elle a voltigé autour de la place ; a cherché à forcer les portes en y attachant des pétards ; elle a tiré quelques coups de canon pour essayer la contenance de la garnison ; elle a dû ensuite se retirer dans son camp, pour combiner son attaque pour *la nuit suivante.* » (*Souper de Beaucaire*, p. 2).

La garnison marseillaise, qui occupait le fort St-André et la Tour du Pont, voyant des bouches à feu apparaître de ce côté, suppose qu'un corps d'armée considérable arrive sur elle après avoir battu les fédérés. Saisie de terreur, elle passe le pont de bateaux et rentre précipitamment dans Avignon.

Bonaparte traverse Villeneuve sans être inquiété, et vient, sans hésiter, mettre ses canons en batterie sur la plate-forme qui couronne la petite colline aride connue sous le nom de *Rocher de la Justice*, où s'élevaient jadis les fourches patibulaires, et qui surplombe le cours du Rhône, un peu en aval du pont actuel. Cette colline se dresse comme un bastion redoutable, dominant le fleuve et la plaine.

Le coup d'œil infaillible du jeune artilleur avait choisi cette position formidable, d'où l'on découvre en entier la plate-forme du Rocher des Doms, où les Marseillais avaient établi, sur la rive opposée, leur artillerie de siège.

Le 25 juillet, une attaque simulée, entreprise dans le but d'essayer la contenance de la garnison, eut lieu à deux reprises différentes.

Le lendemain 26, à trois heures du matin, deux premiers coups de canon, tirés à poudre par Carteaux, donnèrent le signal de l'attaque décisive, entre les portes St-Lazare et Limbert ; et, deux heures après, les hostilité recommencèrent. La batterie des Doms fit beaucoup de mal et encore plus de peur aux troupes républicaines, qui commencèrent à faiblir et à prendre la débandade. Elles se rabattirent vers la porte St-Roch, où les assiégés se portèrent avec deux pièces de canon ; et les assiégeants ne pouvant soutenir la fusillade, qui les abattait un à un, à travers les meurtrières, durent se replier à l'abri du feu des assiégés.

C'est alors que, vers les onze heures du matin, Bonaparte démasquant ses pièces et pointant lui-même ses canons, démonta du premier coup une pièce des assiégés, tua du second coup un de leurs canoniers et cassa le bras à un autre. Un troisième boulet atteignit la cloche de l'horloge située sur la tour dite de *Jaquemart*, qui domine l'Hôtel-de-Ville, et lui fit une brèche sur le bord de la pince (1). Un quatrième

(1) Cette cloche provenait du couvent de Montfavet ; elle avait été fondue en 1460 et transférée sur la tour de l'Horloge d'Avignon en 1469. Ce n'est toutefois qu'en 1837 qu'elle se fendit en entier et qu'il fallut la refondre. On

boulet alla se loger dans le cordon en pierre de taille qui règne entre le premier et le second étage, sur la façade de l'hôtel de Lescarène, où l'on voit encore son empreinte (1).

En présence d'une attaque aussi inattendue et aussi sûrement combinée, les Marseillais se voyant dans l'impossibilité de soutenir la lutte contre l'artillerie républicaine, cessèrent aussitôt leur feu, qu'ils dirigeaient d'ailleurs assez mal, et, vers les deux heures de l'après-midi, ils évacuèrent la ville en désordre, battant en retraite sur St-Remy (2).

On peut donc affirmer que le premier coup de canon tiré par Bonaparte sous les murs d'Avignon, contre le fédéralisme, a ouvert la carrière militaire du futur empereur, et qu'avec deux pièces de petit calibre, il frappa d'un coup mortel une entreprise dont le succès eût pu changer sans retour les destinées de la France et la sienne.

Le même jour, 26 juillet, l'avant-garde de l'armée de Carteaux vint, à quatre heures de l'après-midi, avec deux pièces de canon, prendre possession des postes abandonnés. A neuf heures du soir, le général républicain fit lui-même son entrée dans Avignon avec son principal corps d'armée et le commissaire Rovère ; et, au signal convenu de trois coups de canon, qui épouvantèrent la ville, les soldats qui occupaient la rive droite, sous les ordres de Bonaparte, vinrent le rejoindre à minuit.

Le jeune officier d'artillerie alla retrouver Bouchet, qui le pria de revenir loger chez lui. Pendant ce temps, les Marseillais, divisés en deux colonnes, se dirigeaient les uns vers Cadenet, les autres sur Salon, où Carteaux les poursuivit vigoureusement.

a conservé, par le moulage, sur la nouvelle cloche, l'ancienne inscription romane dont elle était ornée. (L. Frossard, *Avignon et lieux circonvoisins*, p. 52 et 53).

(1) Dans ses *Tablettes d'Avignon*, p. 157, M. Alph. Rastoul ajoute aussi que l'on peut encore étudier l'empreinte des boulets de Bonaparte sur les remparts avignonais qui longent l'*Allée des Veuves*, et que cette signature militaire est aussi gravée sur le mur de la façade de la maison Bouchet. Mais M. Rastoul se trompe, du moins en ce qui concerne ce dernier renseignement, et il aura sans doute confondu la maison Bouchet et l'hôtel de Lescarène qui sont situés dans la même rue Calade, la première aux numéros 21, 23 et 23 bis, et le second au numéro 9, à quelques pas l'un de l'autre.

(2) *Moniteur universel* du lundi 22 juillet 1793, séance de la Convention du vendredi 19 juillet, p. 185 et 188.

Quant à Bonaparte, il reçut l'ordre de marcher, le 28, sur Tarascon, avec un détachement de 200 hommes du 59e régiment, ses vingt artilleurs et ses deux pièces. Il effectua ce mouvement avec l'entrain que les hommes de sa trempe mettaient à tout, dans ce temps-là ; et le même jour, 28 juillet 1793, il entrait dans Tarascon, sans coup férir, au cri de : *Vive la République !*

L'homme politique avait commencé à se révéler en Bonaparte, depuis qu'il avait publié, en 1791, sa lettre à Buttafuoco ; ses tendances républicaines n'allaient pas tarder à s'accentuer encore, voici dans quelles circonstances :

La ville de Beaucaire n'est, comme on le sait, séparée de Tarascon que par le Rhône, sur lequel existait alors un pont de bateaux. Le lendemain, lundi 29 juillet, Bonaparte se faisait annoncer aux autorités de Beaucaire, et se mettait en marche avec cent hommes et ses deux canons.

A la vue de cette troupe qui s'avançait, capitaine en tête, des cris répétés de : *Vive la République !* s'élevèrent dans un groupe de citoyens rassemblés sur l'autre rive. Ce cri, alors commun aux deux partis, fit croire un moment qu'il était poussé par un rassemblement de fédérés, très-nombreux alors à Beaucaire. Aussitôt les pièces sont retournées et braquées sur le pont, prêtes à faire feu pour forcer le passage ; quand un délégué des représentants du peuple accourt et explique à Bonaparte qu'il va mitrailler des amis. Le détachement continue donc sa marche et entre dans Beaucaire sans résistance.

Le soir de ce même jour, 29 juillet 1793, Bonaparte soupa dans une auberge de Beaucaire, en compagnie de quatre négociants de Nîmes, de Montpellier et de Marseille. C'était au moment de la grande et célèbre foire du mois de juillet, renommée alors dans le monde entier.

Vers la fin du repas, il s'engagea, entre le jeune militaire et les négociants, une discussion politique sur la situation où se trouvait alors la France. Les convives étaient chacun d'une opinion différente, qu'ils soutenaient, du reste, avec chaleur. C'est de cette discussion, très-convenablement menée d'ailleurs de part et d'autre, que Bonaparte fit le sujet du célèbre opuscule, que nous reproduisons ci-après, en *fac-simile*, et qu'il écrivit et publia quelques jours après, à Avignon, sous le titre de : *Souper de Beaucaire.*

Nous ne suivrons pas, jour par jour, Bonaparte, dans la suite de cette courte et rapide campagne. Il nous suffira d'ajouter qu'après avoir rétabli et consolidé l'autorité de la Convention à Beaucaire (1), il repassa le Rhône, se porta sur Arles, et rejoignit, le 8 août, le général Carteaux à St-Martin-de-Crau.

Le 7 août, la Convention avait déclaré Pitt « ennemi du genre humain »; le 5 septembre suivant, Barrère demandait que « la Terreur fût mise à l'ordre du jour », et la terrible loi des suspects était votée le 17 du même mois.

Le 18 août, l'armée républicaine se porta de St-Remy sur Salon, qui fut occupé après un combat insignifiant.

Les Marseillais évacuèrent successivement Pélissane, Lançon, Rognac et les Milles, et livrèrent, le 25 août, à Septêmes, un dernier combat malheureux qui ouvrit aux troupes de Carteaux les portes de Marseille. C'est alors que les fédérés, refoulés sur Toulon, prirent la coupable résolution de livrer cette place aux Anglais.

Quant aux Lyonnais, isolés du Midi par la défaite des Marseillais, privés du secours des Piémontais maintenus par Kellermann, pressés par l'armée victorieuse de ce dernier et par la levée en masse de l'Auvergne, ils se défendirent avec désespoir, mais durent se livrer après soixante-dix jours de résistance.

Ainsi se termina ce soulèvement qualifié d'insurrection fédéraliste, et le triomphe de la Convention fut décisif.

C'est alors que les départements insurgés, et celui du Gard en particulier, cherchèrent à excuser leur conduite. Mais les représentants du peuple Rovère et Poultier, envoyés en mission dans notre pays, révoquèrent les membres du Directoire, sauf quelques rares exceptions, et, par suite, tous les autres corps et fonctionnaires du département, y compris ceux du district et de la ville d'Alais, et les remplacèrent par de nouveaux titulaires dont ils reçurent le serment.

L'installation du nouveau corps municipal s'accomplit dans Alais, le 17 octobre, avec la plus grande solennité, par les délégués de l'administration départementale, qui furent accueillis par l'ancien corps

(1) Bonaparte alla loger à Beaucaire, dans la maison de M. Renaudet, pharmacien, rue Haute.

(*Renseignement communiqué par M. Ch. Domergue*).

municipal et une foule de citoyens, et escortés jusqu'à l'auberge du Luxembourg, où ils étaient descendus.

Suivant un historien récent, Bonaparte aurait pris part, le 25 août, au combat de Septêmes, et, à son arrivée à Marseille, aurait été logé chez un riche négociant de la ville, M. Clary, dont les deux filles aînées épousèrent ensuite, l'une, Joseph Bonaparte, qui fut roi de Naples et d'Espagne, la seconde, Bernadotte, qui fut depuis roi de Suède (1).

Mais il paraît au contraire certain que Bonaparte, atteint par les fièvres paludéennes, qu'il avait contractées dans les voisinages des marais d'Arles et du delta du Rhône, dut, quelques jours après son expédition de Beaucaire, c'est-à-dire dans la première quinzaine d'août, retourner au quartier général d'Avignon, où il vint de nouveau s'installer chez M. Bouchet ; et il ne saurait être admis qu'à cette même époque il soit entré dans Marseille (2).

°°°

A son retour à Avignon, Bonaparte, croyant la guerre du fédéralisme terminée avec la prise de Marseille, essaya de réorganiser le convoi de poudre qu'il avait été obligé de laisser en dépôt à Avignon, au mois de juin précédent, et qui était destiné à l'armée d'Italie; mais la guerre civile n'était point encore étouffée, et Toulon, livré aux Anglais par les fédérés, le 26 août, devait la continuer de concert avec l'étranger. Aussi, quand Bonaparte parut devant cette ville, en se rendant à Nice (3), au mois de septembre suivant, son convoi de poudre fut-il

(1) Th. Jung, *Bonaparte et son temps.*

(2) On raconte que, pendant son second séjour à Avignon, Bonaparte y contracta quelques dettes qui demeurèrent impayées, et que, si l'on consultait les registres du *Café Baretta,* sur la place St-Didier, désigné alors sous le nom de *Café Suisse*, qu'il vient de reprendre en 1880, on y trouverait une note détaillée de sorbets, glaces et autres consommations, s'élevant à 60 francs, pour laquelle il souscrivit un billet qui n'aurait jamais été soldé.

(3) Dans ses *Mémoires,* dictés à Sainte-Hélène, Napoléon raconte qu'il fut envoyé de Paris au siège de Toulon, par le Comité de salut-public, avec mission d'y commander l'artillerie, et presque tous les historiens ont reproduit cette erreur. Napoléon est contredit ici par les faits et par sa propre correspondance, dans laquelle il s'exprime ainsi : « Lorsque les représentants du

retenu pour être employé à l'attaque de la ville rebelle qu'on se disposait à assiéger, et personne n'ignore la part considérable que prit le jeune officier à la réduction de cette importante place de guerre.

C'est donc, avons-nous dit, pendant son second séjour à Avignon, au mois d'août 1793, que Bonaparte publia le *Souper de Beaucaire*. Il sollicita et obtint des représentants du peuple, en mission dans le Midi, l'autorisation de le faire imprimer, et il eut même l'habileté d'obtenir que cette impression se fît aux frais du trésor public. Il s'adressa, à cet effet, à Marc-Aurel, fils, de Valence, nommé imprimeur en chef de l'armée contre-fédéraliste, le 19 juillet 1793, et qui se trouvait en ce moment à Avignon avec une presse ambulante. Mais ce typographe, qui avait un titre officiel, se croyant obligé à des ménagements, ne voulut pas lui-même imprimer cette brochure, et on dut avoir recours aux presses du *Courrier d'Avignon*, dont l'éditeur était Sabin Tournal.

Les rares exemplaires de cette plaquette de vingt pages, sont devenus absolument introuvables, et on comprend que Sabin Tournal, qui en avait conservé le manuscrit, signé de l'auteur, y ait attaché quelque prix (1).

Le *Souper de Beaucaire*, que nous reproduisons ci-après, en *facsimile*, d'après un des exemplaires qu'en possède la Bibliothèque d'Avignon, se compose comme nous l'avons dit ci-dessus, d'un dialogue qui aurait eu lieu le 29 juillet 1793, à Beaucaire, entre deux négociants marseillais, un nîmois, un fabricant de Montpellier et un militaire. Ce dernier, qui est Bonaparte lui-même, démontre à ses interlocuteurs la folie de l'insurrection du Midi contre la Convention.

peuple m'ont retenu à l'armée devant Toulon et m'ont donné le commandement de l'artillerie..... » (V. P. Lanfrey, *Hist. de Napoléon*, tom. I. pag. 37 et 38.

(1) Il existe plusieurs éditions du *Souper de Beaucaire* : celles de 1793 d'abord ; puis celles de 1821, l'une chez Terry, par Frédéric Royou ; l'autre, chez Chaumerot, aîné, à Paris. Cet opuscule a été de plus reproduit dans un grand nombre de recueils et publications historiques, et Larousse, après avoir d'abord annoncé qu'il l'insérerait en entier dans son *Dictionnaire*, n'en a ensuite donné que de courts fragments.

Ce qui est moins connu, et que nous n'avons trouvé mentionné nulle part, c'est qu'il a été fait deux éditions du *Souper*, en 1793. Les deux exemplaires de la Bibliothèque d'Avignon, absolument différents l'un de l'autre, au point de vue typographique, ne laissent subsister aucun doute à cet égard. (Voir à l'*Appendice* la note A).

Ce pamphlet, diversement jugé par plusieurs historiens, montre un vrai sens politique : le gouvernement de la Convention et des Comités y est défendu par des arguments qui n'ont rien de commun avec les déclamations furibondes et les rêveries philosophiques et révolutionnaires du temps.

Cette publication, rapidement écrite et d'ailleurs utile alors à répandre, pour l'apaisement des esprits, attira l'attention sur le jeune Bonaparte (1).

Diverses causes peuvent avoir contribué à augmenter la rareté des exemplaires de la première édition. On sait avec quelle facilité les brochures appelées *plaquettes*, dans le commerce de la librairie, deviennent en peu de temps très-rares. Un motif particulier peut avoir occasionné, pour celle-ci, sa disparition presque entière.

Dans une brochure publiée durant les Cent-Jours et reproduite depuis, à la suite du *Tableau historique et politique de Marseille*, par Chardon, on lit que Sabin Tournal, imprimeur du *Souper de Beaucaire*, présenta aux Tuileries, en 1804, un mémoire de 200 fr. pour frais d'impression de cette plaquette, avec un exemplaire pour constater la dette. Bonaparte s'informa, avec inquiétude, si c'était le seul qui restât, et offrit de donner 500 fr. de chaque exemplaire d'une édition pour laquelle il n'avait pu payer deux cents francs en 1793 (2).

On assure, d'autre part, que Napoléon avait voulu, dès 1799, retirer sa brochure du commerce ; et l'on se fonde pour cela sur la lettre suivante de Louis Bonaparte, datée de Paris le 4 germinal an VII (24 mars 1799). Cette lettre assez curieuse, bien que peu concluante dans le sens qu'on a voulu lui prêter, a été publiée par Larousse. Elle terminera l'historique qui précède, sur la brochure du républicain Bonaparte.

Paris, 4 germinal, an VII.

Louis Bonaparte, aide-de-camp du général en chef de l'armée d'Orient, au citoyen Aurel, imprimeur-libraire, à Avignon.

C'est chez vous, citoyen, qu'a été imprimée, en 1793, une brochure

(1) *Nouvelle Biographie générale de Didot*, tom. XXXVII, col. 447-448.

(2) Robert Reboul, *Anonymes, pseudonymes et supercheries littéraires de la Provence ancienne et moderne*, dans le *Bulletin de la Société d'Études scientifiques et archéologiques de la ville de Draguignan*, tom. XI, 1876-1877.

ayant pour titre : le *Souper de Beaucaire*. Si vous pouviez m'en envoyer plusieurs exemplaires, je vous en ferais passer aussitôt le prix.

Salut et fraternité.

Louis Bonaparte.

Rue du Rocher, N° 505, près la barrière de Monceau.

La suscription porte : « Au citoyen Aurel, imprimeur-libraire, à Avignon, département de Vaucluse. »

⁂

Les jugements lesplus divers ont été portés, par divers historiens ou critiques littéraires, sur la brochure de Bonaparte.

Larousse la loue sans réserve.

Lanfrey est d'un avis tout opposé.

« Cet opuscule, dit-il, écrit avec une impartialité affectée, qui se dément à chaque page, et assez modéré dans la forme, bien qu'il ne le soit guère dans le fond, est une apologie très-nette du coup d'État de la Montagne. Il a visiblement pour but de ramener à ce parti les esprits flottants et indécis, ou plutôt de leur offrir des prétextes plausibles de se rallier.

« On trouve, dans le *Souper de Beaucaire*, des idées assez communes, exprimées dans un style qui n'a guère de remarquable que ses fréquents italianismes, mais qui devient singulièrement ferme et précis toutes les fois que l'auteur expose ses vues militaires. On y découvre, sous un ton de rondeur apparente, une rare circonspection qui ne laisse aucune prise contre l'écrivain, même dans le cas où les évènements viendraient à changer. L'argument sur lequel il appuie avec le plus de force et celui qui avait fait le plus d'impression sur son esprit, montre clairement que ce qui lui semblait surtout trancher la question en faveur de la Montagne, c'était son succès dès lors inattaquable. Cet argument n'est autre chose que l'éternel sophisme à l'aide duquel on a toujours justifié tous les coups de violence, en les couvrant de l'inviolabilité de la patrie elle-même.

« Je ne cherche pas, dit Bonaparte en parlant des Girondins, si vraiment ces hommes, qui avaient bien mérité du peuple, en tant d'occasions, ont conspiré contre lui : ce qu'il me suffit de savoir, c'est

« que la Montagne, par esprit public ou par esprit de parti, s'étant « portée aux dernières extrémités contre eux, les ayant décrétés, em- « prisonnés, je veux même vous le passer, les ayant calomniés, les bris- « sotins étaient perdus sans une guerre civile qui les mît dans le cas « de faire la loi à leurs ennemis..... S'ils avaient mérité leur réputa- « tion première, ils auraient jeté les armes à l'aspect de la Constitu- « tion, ils auraient sacrifié leurs intérêts au bien public, mais il est « plus facile de citer Décius que de l'imiter ; ils se sont rendus cou- « pables du plus grand de tous les crimes. »

« On voit par ce passage, ajoute Lanfrey, que la théorie des faits accomplis est loin d'être une invention de notre temps. Ce qu'il y a au fond d'une telle doctrine, c'est l'absence de toute règle et de tout principe ; car, si les motifs invoqués ici contre les Girondins étaient légitimes, à combien plus forte raison n'auraient-ils pas dû protéger ces hommes qui représentaient le gouvernement légal, contre un guet-apens aussi déshonorant pour la Convention que les journées du 31 mai et du 2 juin ? Et si la guerre civile était un si grand crime, sur qui devait en retomber la responsabilité, si ce n'est sur les premiers agresseurs ? L'argument se réduisait donc à dire que c'était un acte de civisme de se rallier à la Montagne, parce que la Montagne avait prouvé qu'elle était la plus forte. Cette pensée est retournée en cent manières dans le *Souper de Beaucaire*, et l'auteur s'efforce de lui donner toute la clarté d'un axiome ; mais il parvient seulement à montrer avec quelle force elle s'est emparée de son esprit. De là l'accent de positivisme extraordinaire qui se fait sentir dans ce petit ouvrage. On devine un rare sang-froid et une précoce habileté dans la façon avec laquelle sont tournées les difficultés. L'auteur a grand soin de ne pas se compromettre complètement avec le parti dont il embrasse la cause ; il donne la réplique à la partie adverse ; il garde une apparence d'impartialité.

« Bonaparte a en effet souvent avoué que, tant que la lutte avait duré, toutes ses sympathies avaient été pour les Girondins. N'ayant pu nier ses liaisons avec le parti montagnard, liaisons qui ont failli lui coûter la vie, il a cru les excuser suffisamment en disant qu'elles n'avaient été de sa part qu'une affaire d'ambition (1). »

D'autres historiens ont signalé comme une contradiction manifeste

(1) P. Lanfrey, *Hist. de Napoléon Ier*, tom. I, p. 30, 31 et 32.

et un démenti formel donné par Bonaparte lui-même à son propre caractère, à ses principes et à sa conduite future, les doctrines émises par lui dans le *Souper de Beaucaire.* Nous ne partageons pas cette manière de voir, et nous trouvons ici, comme il le sera plus tard, Bonaparte fidèle à sa nature et conséquent avec lui-même.

On ne saurait disconvenir, en effet, que cet homme étrange fut, avant toute chose, une individualité essentiellement autoritaire. Or, en faisant dans sa brochure, en 1793, l'apologie de la Convention, le jeune capitaine d'artillerie ne dément nullement ses actions à venir : il est, à ce moment, autoritaire au nom de la Convention, comme il le sera, deux ans après, au 13 vendémiaire an IV (5 octobre 1795), quand il mitraillera les sections, au nom de cette même Convention ; comme il le sera six ans plus tard pour son propre compte, au 18 brumaire an VIII (9 novembre 1799), et finalement lorsqu'il s'imposera comme empereur en 1804.

III

Bonaparte, parti d'Avignon dans la première quinzaine de septembre 1793, arriva devant Toulon avec le grade de capitaine. Il ne tarda pas à être nommé, le 18 octobre suivant, chef de bataillon du 2me régiment d'artillerie, et peu après désigné provisoirement comme adjudant-général chef-de-brigade, par les représentants du peuple auprès de l'armée du siège, dont il fut le véritable ordonnateur.

La ville fut prise le 18 décembre, et Bonaparte, nommé au grade de général-de-brigade d'artillerie, le 7 février 1794, rejoignit à Nice le quartier général de l'armée d'Italie.

C'est alors qu'il se lia d'amitié avec le représentant Robespierre, le jeune, alors maître de l'armée d'Italie, comme son frère l'était de la France. Il lui fit accepter ses plans, qui rendirent l'armée française maîtresse du passage des Alpes ; et dès lors, Robespierre jeune ne vit plus que par les yeux du jeune général.

Joseph Robespierre a porté, sur Napoléon, un jugement remarquable à plus d'un titre, dans une lettre confidentielle écrite par lui à son frère Maximilien, en date de Nice, le 16 germinal an II (5 avril 1794 alors que Napoléon était à peine arrivé, depuis neuf jours, à l'armée d'Italie. Joseph Robespierre s'exprime ainsi : « J'ajoute aux patriotes que je t'ai déjà nommés le citoyen général Bonaparte, chef de l'artillerie et d'un mérite transcendant. Ce dernier est Corse ; il n'offre que la garantie d'un homme de cette nation, qui a résisté aux caresses de Paoli, et dont les propriétés ont été ravagées par ce traître » (1).

« On doit ici à Bonaparte, dit Lanfrey, la justice de reconnaître que, s'il se lia par calcul avec un parti dont il n'avait pas les opinions, et dont les excès ne lui inspiraient que de la répugnance, il ne se servit pas uniquement de cette influence dans l'intérêt de son ambition, mais l'employa efficacement à préserver l'armée d'Italie des proscriptions

(1) *Nouvelle Biographie universelle de Didot*, tom. XXXVII.

et des destitutions qui, étaient à l'ordre du jour dans les armées du Nord. Il sauva même la vie à des émigrés saisis sur un navire espagnol, et auxquels on voulait appliquer la loi rendue contre les émigrés rentrés. Mais les deux Robespierre ne le considéraient pas moins comme tout dévoué à leur cause et, ainsi que le dit le rapport publié contre lui, à la suite du 9 thermidor, comme « *leur homme* ».

« Malgré l'extrême discrétion avec laquelle il glissait habituellement sur cette époque de sa vie, il a lui.même raconté un fait qui prouve à quel point il avait su gagner leur amitié et leur confiance. A la veille d'entrer en lutte avec les comités, sentant qu'ils auraient besoin d'un officier habile et résolu, ils lui offrirent la place d'Henriot, le commandant de la force armée de Paris, dont ils avaient reconnu l'incapacité. Rappelé à Paris par son frère, peu de temps avant le 9 thermidor, Robespierre le jeune s'efforça de décider le général à partir avec lui. Mais Bonaparte, malgré l'exagération qu'il avait cru devoir afficher, n'avait que de la répulsion pour les cruautés qui avaient été commises, et se sentait d'autant moins le désir d'en partager la solidarité, qu'on pouvait dès lors prévoir une réaction d'humanité. Il voulait bien se servir des deux Robespierre, mais non se compromettre sans retour avec eux (1). »

Dans ses *Mémoires*, Lucien Bonaparte donne, à ce sujet, de curieux détails :

La famille de Napoléon était alors établie au Château de Sallé, près d'Antibes, et Lucien, employé dans l'administration des vivres de l'armée, habitant tout près de là, à Saint-Maximin, était venu, avec son frère, passer quelques jours auprès des siens.

« Nous étions tous réunis, dit-il, et le général nous donnait tous les instants dont il pouvait disposer. Il vint un jour, plus préoccupé que de coutume, et, se promenant entre Joseph et moi, il nous annonça qu'il ne dépendait que de lui de partir pour Paris dès le lendemain, en position de nous y établir tous avantageusement. Pour ma part, cette annonce m'enchantait : atteindre enfin la capitale me paraissait un bien que rien ne pouvait balancer.—On m'offre, nous dit Napoléon, la place d'Henriot. Je dois donner ma réponse ce soir. Eh bien ! qu'en dites vous ? — Nous hésitâmes un moment. — Eh ! Eh ! reprit le général,

(1) P. Lanfrey, *Hist. de Napoléon Ier*, tom. I, p. 47, 48.

cela vaut bien la peine d'y penser : il ne s'agirait pas de faire l'enthousiaste ; il n'est pas si facile de sauver sa tête à Paris qu'à Saint-Maximin. — Robespierre jeune est honnête, mais son frère ne badine pas. Il faudrait le servir. — Moi, soutenir cette homme ! non, jamais ! Je sais combien je lui serais utile, en remplaçant son imbécile commandant de Paris ; mais c'est ce que je ne veux pas être. Il n'est pas temps. Aujourd'hui il n'y a de place honorable pour moi qu'à l'armée : prenez patience, je commanderai Paris plus tard.

« Telles furent les paroles de Napoléon, ajoute Lucien. Il nous exprima ensuite son indignation contre le régime de la Terreur, dont il nous annonça la chute prochaine, et finit par répéter plusieurs fois, moitié sombre et moitié souriant : « Qu'irais-je faire dans cette galère? »

⁂

L'habile circonspection que Bonaparte avait su mettre dans ses relations avec les deux Robespierre, ne suffit pas pour le mettre à l'abri contre les soupçons des thermidoriens. A la suite du renversement de la faction terroriste, le 9 thermidor (27 juillet 1794), les nouveaux représentants Albitte, Salicetti et Laporte, auprès de l'armée d'Italie, déclarent par leur arrêté du 19 thermidor (6 août), « que le général Bonaparte sera mis en état d'arrestation et traduit au comité de Salut public, à Paris, sous bonne et sûre escorte. »

Napoléon, se débattant contre cette accusation, disait aux représentants : « Salicetti, tu me connais.... Albitte, tu ne me connais point ; mais tu sais cependant avec quelle adresse parfois la calomnie siffle. Entendez-moi ; restituez-moi l'estime des patriotes ; une heure après, si les méchants veulent ma vie.... je l'estime si peu ! je l'ai si souvent méprisée ! »

Le 20 août survint une sentence d'acquittement, et Bonaparte fut *provisoirement* élargi du fort Carré d'Antibes, après une détention de dix jours. Parmi les pièces qui contribuèrent à son acquittement figure un certificat de Pozzo di Borgo. En conséquence, les députés écrivirent au comité que, n'ayant rien trouvé de positif contre lui, ils l'avaient élargi, en considération surtout « de l'utilité dont peuvent être les talents de ce militaire, qui devient très nécessaire dans une armée dont il a mieux que personne la connaissance, et où les hommes de ce genre sont extrêmement difficiles à trouver. »

Napoléon ne fut, du reste, que médiocrement affecté de la mort tragique de celui qui était naguère son ami. Dans une lettre du 20 thermidor (7 août), à la veille même de son incarcération, il écrivait : « J'ai été *un peu affecté* de la catastrophe de Robespierre le jeune, que j'aimais et que je croyais pur ; mais fût-il mon père, que je l'eusse moi-même poignardé, s'il aspirait à la tyrannie. »

Bientôt la carrière de Bonaparte fut de nouveau entravée. Nommé, le 28 mars 1795, au commandement d'une brigade d'infanterie dans l'armée de l'Ouest, il accourut à Paris, prit un logement dans la rue du Mail ; mais il réclama en vain contre la mesure dont il était l'objet et qui l'enlevait à une armée où il avait rendu d'éclatants services, où il s'était acquis un grand renom.

Alléguant des raisons de santé, pour ne pas se rendre au poste qui lui avait été assigné, il fut néanmoins maintenu en activité et continua de toucher son traitement. Sa correspondance et les souvenirs de son frère Joseph prouvent qu'il ne ressentitnullement, à cette époque, la longue gêne dont parlent ses biographes ou les historiens.

C'était alors le temps où une crise financière effrayante, produite par le discrédit croissant des assignats, désolait la France, et où la famine sévissait dans Paris, avec tous les fléaux qui l'accompagnent. Le pain manquait aux familles les plus aisées comme aux plus pauvres ; les louis étaient à 750 francs. Un moment vint donc, où le futur maître de l'Europe fut réduit à vivre d'expédients, à partager les ressources de ses amis Junot et Bourienne, et où il se vit même dans la nécessité de vendre ses livres pour subsister.

« Bonaparte était difficile à secourir, dit Chateaubriand ; il acceptait mal les services, de même qu'il souffrait d'avoir été élevé par la munificence royale. Il en voulait à quiconque était plus favorisé que lui de la fortune : dans l'âme de l'homme pour qui les trésors des nations allaient s'épuiser, on surprenait des mouvements de haine que les communistes et les prolétaires manifestent à cette heure contre les riches. Quand on partage les souffrances du pauvre, on a le sentiment de l'inégalité sociale ; on n'est pas plus tôt en voiture que l'on méprise les gens à pied. »

« Bonaparte avait surtout en horreur les *muscadins* et les *incroya-*

bles, jeunes fats du moment, dont les cheveux étaient peignés à la mode des têtes coupées : il aimait à décourager leur bonheur.» (1)

« A cette époque de sa vie, dit la duchesse d'Abrantès, Napoléon était laid. Depuis il s'est fait en lui un changement total. Je ne parle pas de l'auréole prestigieuse de sa gloire : je n'entends que le changement physique qui s'est opéré graduellement, dans l'espace de sept années. Ainsi tout ce qui, en lui, était osseux, jaune, maladif même, s'est arrondi, éclairci, embelli. Ses traits, qui étaient presque tous anguleux et pointus, ont pris de la rondeur, parce qu'ils se sont revêtus de chair, dont il y avait presque absence. Son regard et son sourire demeurèrent toujours admirables ; (2) sa personne tout entière subit aussi du changement. Sa coiffure, si singulière pour nous aujourd'hui, dans les gravures du passage du pont d'Arcole, était alors toute simple, parce que ces mêmes muscadins, après lesquels il criait tant, en avaient encore de bien plus longues; mais son teint était si jaune, à cette époque, et puis il se soignait si peu, que ses cheveux mal peignés mal poudrés, lui donnaient un aspect désagréable. Ses petites mains ont aussi subi la métamorphose ; alors elles étaient maigres, longues et noires. On sait à quel point il en était devenu vain, avec juste raison, depuis ce temps-là. Enfin lorsque je me représente Napoléon entrant, en 1795, dans la cour de l'hôtel de la Tranquillité, rue des Filles-Saint-Thomas, la traversant d'un pas assez gauche et incertain , ayant un

(1) Chateaubriand, *Mémoires d'outre-tombe*, tom. III, p. 47, 48.

(2) Michelet nous montre Napoléon « sans cils ni sourcils ;.... les yeux gris comme une vitre de verre où l'on ne voit rien » (Michelet, *Origine des Bonaparte*, p. 337), et nous le dépeint comme tel, d'après le beau portrait que David fit de lui vers 1810. Il est difficile de concilier cette description avec les affirmations unanimes de tous les contemporains, qui vantent surtout chez Napoléon, la beauté du regard et du sourire, lesquels, selon Mme d'Abrantès, « demeurèrent toujours admirables. »

« Bonaparte, dit à son tour Mme de Rémusat, est de petite taille, assez mal proportionné, parce que son buste trop long raccourcit le reste de son corps. Il a les cheveux rares et châtains, les yeux gris-bleu ; son teint, jaune tant qu'il fut maigre, devint plus tard d'un blanc mat et sans aucune couleur. Le trait de son front, l'enchâssement de son œil, la ligne de son nez, tout cela est beau et rappelle assez les médailles antiques. Sa bouche, un peu plate, devient agréable quand il rit; ses dents sont régulièrement rangées, son menton est un peu court et sa mâchoire lourde et carrée ; il a le pied et la main jolis ; je le remarque, parce qu'il y apportait une grande prétention. » (*Mém. de Mme de Rémusat*, tom. I, p. 100).

mauvais chapeau rond enfoncé sur ses yeux et laissant échapper ses deux *oreilles de chien* mal peignées, mal poudrées, et tombant sur le collet de cette redingote gris de fer, devenue depuis bannière glorieuse, tout autant pour le moins que le panache blanc de Henri IV ; sans gants, parce que, disait-il, c'était une dépense inutile , portant des bottes mal faites, mal cirées, et puis tout cet ensemble maladif résultant de sa maigreur, de son teint jaune ; enfin, quand j'évoque son souvenir de cette époque, et que je le revois plus tard, je ne puis voir le même homme dans ces deux portraits.»

« Sous une négligence apparente, ajoute Michelet, il avait extrêmement soin de ses dents et de ses cheveux. Il les avait châtains ; mais comme, depuis que la poudre avait cessé, on s'inondait de pommade, ses cheveux tellement lustrés paraissaient noirs et donnaient ainsi plus d'effet à son pâle visage qui semblait fantasmagorique. » (1)

Plus tard, à son retour d'Égypte, Napoléon devenait à son tour, l'homme à la mode. Le journal de Poultier disait un soir : Buonaparte, a adopté les cheveux courts, » et aussitôt les ciseaux du coiffeur fasaient tomber toutes les *cadenettes* et toutes les *oreilles de chien* de la jeunesse dorée. » (2)

o ° o

La détresse de Bonaparte n'avait été du reste qu'accidentelle et passagère, en 1795, car son frère Joseph, richement marié, ne l'eût jamais laissé tomber dans le dénûment qu'on a dit.

Sur son refus persistant de se rendre à l'armée de l'Ouest, il avait été rayé, le 25 septembre, de la liste des officiers généraux. Aigri par les contrariétés qu'il éprouvait, il songea un moment, dit-on, à émigrer ; puis, abandonnant cette idée, il conçut le projet d'aller offrir ses services à la Turquie.

Trompé dans ses diverses tentatives, dévoré d'un besoin d'activité incessant qui ne pouvait s'exercer au dehors, Bonaparte avait toujours conservé une imperrtubable confiance en lui-mêmç et en son avenir, en y joignant ce sentiment de fatalisme propre aux grands aventuriers.

(1) Michelet, *Origine des Bonaparte,* p. 330.

(2) Paschal Grousset, *Le coup d'État de Brumaire,* p. 326.

Il écrivait, le 12 avril 1795, à son frère Joseph : « Je suis constamment dans la situation d'âme où l'on se trouve à la veille d'une bataille, convaincu par sentiment que, lorsque la mort se trouve au milieu pour tout terminer, s'inquiéter est folie. Tout me fait braver le sort et le destin, et si cela continue, mon ami, je finirai par ne plus me détourner lorsque passe une voiture. »

IV

Lucien Bonaparte venait d'entrer dans sa quinzième année quand éclata la Révolution ; ce fut avec la plus vive ardeur qu'il se jeta dans les sociétés populaires.

En 1792, il rejoignit en Corse sa famille qui, à la suite du retour de Napoléon, de Joseph et d'Elisa, s'y trouvait réunie tout entière. Le retour de Paoli offrit à Lucien l'occasion de se mettre plus en vue sur la scène politique. Paoli étant venu présider la société populaire d'Ajaccio, il prononça devant lui un discours dont le sujet était « la préférence que les peuples doivent donner au gouvernement républicain. » Fort bien accueilli par Paoli qui, en l'embrassant, l'appela son *petit Tacite* , il le suivit dans sa résidence de Rostino.

Quand, en 1793, Paoli se déclara contre la France, il mit Lucien et ses frères en demeure de le suivre ou d'être traités en ennemis.

Sans hésiter, Lucien se sépara alors de Paoli, quitta Rostino, et rejoignit à Ajaccio ses amis politiques.

Au mois de juin suivant, il était à Marseille, où sa mère, ses deux plus jeunes frères et ses trois sœurs vinrent le rejoindre en fugitifs.

Bientôt, placé dans l'administration des subsistances, Lucien alla, vers la fin d'août 1793, occuper à Saint-Maximin, l'emploi de garde-magasin des vivres. Élu d'abord président de la Société populaire, il le devint presque aussitôt du Comité révolutionnaire. L'influence qu'il acquit à Saint-Maximin tourna, paraît-il, au profit de la modération, et écarta, dit-on, de cette petite ville, les excès révolutionnaires qui désolaient en ce moment la France.

Nous ne saurions toutefois passer sous silence le jugement sévère que portait de lui son frère Napoléon, en 1796 : « Lucien, disait-il, s'est compromis en 93 plusieurs fois, malgré les conseils réitérés que je n'ai cessé de lui donner. Il voulait faire le jacobin, de sorte que, si, heureusement pour lui, les dix-huit ans qu'il avait alors n'étaient son excuse, il se serait trouvé compromis avec le petit nombre d'hommes, opprobre de la nation. » (1)

Après la chute de Robespierre, une violente réaction se produisit dans le Midi, et les patriotes, même ceux qui, comme Lucien, pouvaient avoir fait preuve de modération, ne furent plus en sûreté. Le 12 août, Napoléon était arrêté à Nice, comme partisan de Robespierre, puis mis en liberté le 24, par l'entremise des représentants Salicetti et Albitte. Joseph se retira à Gênes. Quant à à Lucien, tout en voyant changer autour de lui les dispositions bienveillantes en froideur et en dédain, il persista à résider à Saint-Maximin et à présider la Société populaire. Pressentant que, loin de se borner à renverser la terreur démagogique, on allait recréer une nouvelle Terreur, au profit de la réaction, il se résolut à la lutte.

Sous sa direction, les patriotes redoublèrent d'activité et parvinrent au moins à se maintenir en sûreté, Au mois d'avril 1795, il quitta Saint-Maximin, pour aller habiter Saint-Chamas, où il avait obtenu d'être envoyé comme inspecteur dans l'administration militaire. Peu avant son départ, il avait épousé Mlle Christine Boyer, fille d'un aubergiste, d'une famille honorable mais pauvre, de Saint-Maximin, et qui mourut en 1800.

Dans sa nouvelle résidence, où l'on ne s'occupait de politique qu'avec calme, Lucien avait noué quelques aimables relations de société, lorsque, sur la dénonciation de la municipalité de Saint-Maximin, il fut brusquement mis en arrestation le 3 thermidor an III (21 juillet 1795), et conduit dans les prisons d'Aix.

Trois jours après, sa mère, instruite de cet évènement et justement alarmée, écrivait de Marseille à la comtesse d'Isoard (1) :

Marseilles le 24 Juillet (1795)

Madame,

Voilà deux courriers que nous n'avons pas eu de nouvelles de vous

(1) *Nouv. Biograph. générale de Didot*, tom. XXXVII, col. 447.

(1) L'original de cette lettre est aux Archives de la famille d'Isoard-Vauvenargues, à Aix-en-Provence, où je l'ai copiée, le 19 mai 1875, *Verbatim et literatim.*

W.-C. Bonaparte-Wyse.

Voyez la note B de l'*Appendice*.

ni de mon fils. *Faite* moi le plaisir ma chère dame, de me repondre deux lignes ; *tirés d'inquiettude* une mère et *de* sœurs qui sont dans les larmes ; *avés* vous reçu une lettre *chargé !* (1) pardon mille fois, madame, *de embaras* que nous vous donnons; vous estes mère et cela est *assés* pour *execuser* la liberté que je prends de vous importuner.

Adieu ma chère Dame, mes complimens a vos fils; je suis, avec *respects,* votre affectionnée

LETIZIA BUONAPARTE.

De son côté, Napoléon écrivait aussi de Paris, le 28 du même mois, à Madame d'Isoard :

Paris, le 10 *termidor* (an III — 28 juillet 1795)

Je vous prie, Madame, de remettre au malheur (eux) cousin (2) cette lettre et les 500 l. ci *joint* (3) ; je ne *dout* pas que vous ne lui prêtiez lassistance dont il a besoin, et que la considération dont vous jouissez à Aix la lui *rendre tré* efficace....... dans une funeste révolution comme la notre, ou probablement toute notre génération sera engloutie, il est beau pour l'homme de bien detre *impasible,* d'accueillir tous les infortunés et de tarir le plus de larmes et de réparer le plus de *meaux.*

Je vais demain moccuper de son affaire, et comme il parait qu'il est le jouet de quelque ressentiment particulier, j'espère pouvoir le faire *remettrera* en liberté.

Je suis charmé, Madame, de me renouveler au souvenir de vos enfants *auquelles* je désire être *util* : *fait là* je vous prie mes compliments.

Vot(re) to(u)t d(évoué)

« BUONAPARTE (4)

(1) La lettre de Napoléon, du 28 juillet, reproduite ci-après, et contenant un envoi de 500 livres.

(2) N. Bonaparte qualifie son frère Lucien de *cousin,* pour dérouter les soupçons, au cas où sa lettre eût été interceptée.

(3) Cette somme de 500 livres, adressée, le 28 juillet 1795, par Napoléon à son frère Lucien, vient prouver, une fois de plus, que l'état de gêne attribué à cette époque au jeune général, par divers biographes, n'est nullement fondé.

(4) Copié *verbalement et littéralement* de l'original, par moi, chez M. le comte d'Isoard-Vauvenargues, à Aix, le 19 mai 1875.

W.-C. BONAPARTE-WYSE.

Deux jours après, Napoléon écrivait encore à son frère Joseph, le 12 thermidor (30 juillet 1795).

« Lucien s'est fait arrêter: un courrier, qui part demain, porte l'ordre du comité de sûreté générale de le mettre en liberté....... Je vais écrire à Madame d'Isoard qu'elle donne de l'argent à Lucien ; je le placerai à Paris avant de partir.....

Puis il ajoute :

« Tout est tranquille. La paix conclue avec l'Espagne et Naples, que nous avons apprise hier, nous a comblés de joie. Les fonds publics montent, les assignats gagnent.

« Il n'a pas encore fait chaud ici ; mais les moissons sont aussi belles qu'il est possible de se l'imaginer. Tout va bien. Ce grand peuple se donne au plaisir : les danses, les spectacles, les femmes, qui sont ici les plus belles du monde, deviennent la grande affaire. L'aisance, le luxe, le bon ton, tout a repris ; l'on ne se souvient plus de la terreur que comme d'un rêve. » (1)

Explique qui pourra les contradictions que présentent ces deux lettres de Napoléon, écrites à deux jours d'intervalle !

Des prisons d'Aix, Lucien n'avait pas tardé à être transféré à Marseille, au fort St-Jean, d'où il écrivait, le 15 thermidor, à Madame d'Isoard.

Enfin, après six semaines de captivité, un ordre de Barras, obtenu par Napoléon, vint rendre Lucien à la liberté. C'est alors qu'il adressa « à ses concitoyens de Saint-Maximin », une curieuse protestation datée du 3e jour complémentaire an III (19 septembre 1795), dans laquelle il accuse la municipalité de cette ville d'avoir provoqué son arrestation.

Il se retira alors à Marseille où, sans emploi, spectateur découragé, il songeait à se retirer dans une ferme, lorsque la constitution de l'an III, triomphe du parti républicain modéré, lui fit mieux augurer des destinées de la France.

⁂

Bonaparte venait d'être rayé, depuis huit jours, de la liste des offi-

(1) *Correspondance de Napoléon Ier*, tom. I, p. 83, 84.

ciers généraux, lorsque le 13 vendémaire (5 octobre 1795) lui fournit l'occasion qu'il attendait pour se mettre en évidence. Adjoint, comme commandant en second, à Barras, pour défendre la Convention, il sauva cette assemblée de l'émeute en mitraillant les sections royalistes dans la rue Saint-Honoré et sur les degrés de Saint-Roch. « Je ne suis pas blessé, comme toujours...., Le bonheur est pour moi,» écrivait-il la nuit suivante, à son frère Joseph. (1)

Quelques jours après, il était nommé général de division dans l'artillerie, puis recevait le 26 octobre, le commandement en chef de l'armée de l'intérieur, et enfin, le 8 mars de l'année suivante, il épousait Joséphine, au moment où le Directoire, entraîné par Carnot, le nommait général en chef de l'armée d'Italie (2 mars 1796), avec laquelle il accomplit cette laborieuse campagne, qui devait aboutir au traité de Campo-Formio, dicté par le vainqueur lui-même, le 17 octobre 1797.

C'est dans le cours de cette guerre, à l'entrevue de Cherasco, le 27 avril 1796, que le marquis Costa de Beauregard le trouva complètement transformé. Ce n'était plus ce caractère indécis, ce jeune disciple de Rousseau dont nous avons décrit les rêveries de dix-sept ans; dix ans avient passé sur lui, depuis cette époque: il en avait maintenant vingt-sept.

Dans cette circonstance, Bonaparte apparut à M. de Beauregard, au milieu de la nuit, sortant d'une chambre, sous les traits d'un jeune homme en uniforme, sans sabre, sans écharpe, la tête nue : ses cheveux lisses, tombaient des deux côtés de son front, encadrant un visage maigre et blême où étincelaient des yeux profonds, rougis par les fatigues.

Opposant une résolution inflexible aux plaintes élevées par les plénipotentiaires sardes sur la dureté des conditions qu'il imposait, il répliquait, d'un ton un peu sarcastique, que la République, en lui confiant une armée, lui avait supposé assez de discernement pour savoir ce qu'il avait à faire, sans avoir à prendre conseil de ses ennemis.

Puis, tirant sa montre, et voyant qu'il était déjà une heure du matin, il dit tout à coup aux commissaires sardes : « Messieurs, je vous

(1) *Correspondance de Napoléon Ier*, lettre à Joseph, du 14 vendémiaire an IV (6 oct. 1795) *à deux heures du matin*, tom. I, p. 99.

préviens qu'une attaque générale est ordonnée pour deux heures, et que, si je n'ai pas la certitude que Coni sera remis dans mes mains, avant la fin du jour, cette attaque ne sera pas différée d'un moment.... Il pourra m'arriver de perdre des batailles ; on ne me verra jamais perdre des minutes, par confiance ou par paresse.

Dans le repas qui suivit, M. de Costa put l'observer plus attentivement : « Il avait, dit-il, des vues perçantes, des saillies souvent pleines de force, plutôt qu'une conversation suivie, sur la guerre, sur la politique, sur la position faite au Piémont par les évènements....... Comme on lui parlait de l'âge des généraux, de son âge à lui, il faisait remarquer qu'il avait vingt-sept ans et qu'il n'était pas le plus jeune commandant en chef de la République, « Il est presque indispensable d'être jeune, pour commander une armée, disait-il. Il faut, pour cette tâche immense, tant de bonheur, d'audace et d'orgueil ! » En général, dans son attitude comme dans son langage, il laissait percer une sorte d'âpreté, le sentiment d'une supériorité qui s'imposait, mais qui mettait mal à l'aise. Il éblouissait, il étonnait, il ne séduisait pas (1).

⁂

Nous n'accompagnerons pas plus loin le futur vainqueur de l'Europe. A partir de ce moment, Bonaparte entre de plain-pied dans ses destinées. Jusqu'alors inconnu, les évènements l'avaient fait ce qu'il était ; maintenant il va lui-même produire et diriger les évènements.

« A quoi ne pouvait aspirer cette ambition active, tenace, impatiente, au milieu d'un tel chaos et avec des armes si bien trempées : le génie d'un grand capitaine ; l'art de saisir fortement les imaginations ; un coup d'œil d'une pénétration merveilleuse ; la connaissance et le mépris des hommes ; la finesse de l'Italien ; l'âpreté indomptable du Corse ? » (2)

Les premières années de notre siècle ont été les témoins des évène-

(1) Ch. de Mazade, *Un gentilhomme de Savoie*.

(2) P. Lanfrey, *Hist. de Napoléon Ier*, tom. I, p. 44.

ments inouïs enfantés par ce terrible rêveur ; et les hauteurs prestigieuses qu'atteignit le fragile édifice élevé par ses mains n'ont été égalées que par l'effrayante profondeur de sa chute.

G. CHARVET.

SOUPER

DE BEAUCAIRE.

JE me trouvai à Beaucaire le dernier jour de la Foire. Le hasard me fit avoir pour convive à souper deux négocians Marseillais, un Nimois & un Fabriquant de Montpellier.

Après les premiers momens employés à nous reconnoître, l'on sut que je venois d'Avignon & que j'étois Militaire. Les esprits de mes convives qui avoient été toute la semaine fixé sur le cours du négoce qui accroît les fortunes, l'étoient dans ce moment sur l'issue des événemens présens, d'où en dépend la conservation. Ils cherchoient à connoître mon opinion pour en la comparant à la leur, pouvoir se rectifier & acquérir des probabilités sur l'avenir, qui nous affectoit différemment. Les Marseillais surtout paroissoient être moins pétulans, l'évacuation d'Avignon leur avoit appris à douter de tout, il ne leur restoit qu'une grande sollicitude sur leur sort. La confiance nous eut bientôt rendu babillard, et nous commençames un entretien à-peu-près en ces termes :

LE NIMOIS

L'armée de Carteaux est-elle forte ? L'on dit, qu'elle a perdu bien du monde à l'attaque ! mais s'il est vrai qu'elle ait été repoussée, pourquoi les Marseillais ont-ils évacués Avignon ?

LE MILITAIRE.

L'armée étoit forte de 4,000 hommes, lorsqu'elle

(2)

a attaqué Avignon. Elle est aujourd'hui à 6,000 hommes, elle sera avant 4 jours à 10,000 hommes.

Elle a perdue 5 hommes & a eu 4 blessés. Elle n'a point été repoussée, puisqu'elle n'a fait aucune attaque en forme, elle a voltigée autour de la place, a cherché à forcer les portes en y attachant les pétards. Elle a tiré quelques coups de canons, pour essayer la contenance de la garnison. Elle a due ensuite se retirer dans son camp, pour combiner son attaque pour la nuit suivante.

Les Marseillais étoient 3,600 hommes, ils avoient une artillerie plus nombreuse & de plus fort calibre, & cependant ils ont été contraints a repasser la Durance. Cela vous étonne beaucoup ; mais c'est qu'il n'appartient qu'à des vieilles troupes de résister aux incertitudes d'un siége,

Nous étions maîtres du Rhône, de Villeneuve & de la campagne, nous eussions interceptés toutes leurs communications, ils ont dût évacuer la ville.

La cavalerie les a poursuivis, dans leur retraite, ils ont eu beaucoup de prisonniers, & ont perdu deux pièces de canons.

LE MARSEILLAIS.

Ce n'est pas là la relation que l'on nous a donné. Je ne veux pas vous le contester, puisque vous étiez présent ; mais avouez que cela ne vous conduira à rien.

Notre armée est à Aix ; trois bons généraux sont venus remplacer les premiers, l'on lève à Marseille de nouveaux bataillons : nous avons un nouveau train d'artillerie ; plusieurs pièces de 24, sous peu de jours nous serons dans le cas de reprendre Avignon, ou du moins nous resterons maîtres de la Durance.

LE MILITAIRE.

Voilà ce que l'on vous dit, pour vous entraîner

dans un précipice, qui s'approfondit à chaque instant, & qui peut-être engloutira la plus belle ville de France, celle qui a le plus mérité des Patriotes ; mais l'on vous a dit aussi que vous traverseriez la France, que vous donneriez le ton à la République, & vos premiers pas ont été des échecs. L'on vous a dit qu'Avignon pouvoit résister long-temps à 20,000 hommes, & une seule colonne de l'armée sans artillerie de siége, dans 24 heures en a été maîtresse. L'on vous a dit que le Midi étoit levé, & vous vous êtes trouvés seuls. L'on vous a dit que la cavalerie Nimoise alloit écraser les Allobroges, & ceux-ci étoient déjà au Saint-Esprit & et à Villeneuve. L'on vous a dit que 4,000 Lyonnois étoient en marche pour vous secourir, et les Lyonnois négocioient leur accommodement.

Reconnoissez donc que l'on vous trompe, concevez l'impéritie de vos meneurs, & méfiez-vous de leurs calculs.

Le plus dangereux conseiller, c'est l'amour-propre. Vous êtes naturellement vif, l'on vous conduit à votre perte par le même moyen qui a ruiné tant de peuples en exaltant votre vanité. Vous avez des richesses & une population considérable, l'on vous les exagere, vous avez rendu de services éclatans à la liberté ; l'on vous les rappelle, sans faire attention que le génie de la République étoit avec vous alors, au lieu qu'il vous a abandonné aujourd'hui.

Votre armée dites-vous est à Aix avec un grand train d'artillerie & des bons généraux, eh bien ! quoiqu'elle fasse, je vous assure qu'elle sera battue.

Vous aviez 3,600 hommes, une bonne moitié s'est dispersée ; Marseille & quelques réfugiés du Département peuvent vous offrir 4,000 hommes, cela est beaucoup ; vous aurez donc 5 à 6,000 hommes sans ensemble, sans unité, sans être aguerris.

Vous avez des bons Généraux. Je ne les connois pas ; je ne puis donc leur contester leur habileté. Mais ils seront absorbés par les détails, ne seront

(4)

pas secondés par les subalternes, ils ne pourront rien faire qui soutienne la réputation qu'ils pourroient s'être acquise ; car il leur faudroit deux mois pour organiser passablement leur armée, & dans quatre jours CARTEAUX sera au delà de la Durance & avec quels soldats ?

Avec l'excellente troupe légere des Allobroges, le Vieux régiment de Bourgogne, un bon régiment de cavalerie, le brave Bataillon de la Côte-d'Or qui a vu cent fois la victoire le précéder dans les combats & 6 ou 7 autres corps tous de vieilles milices encouragée par leur succès aux frontières et sur votre armée.

Vous avez des pièces de 24 & de 18, & vous vous croyez inexpugnables ; vous suivez l'opinion vulgaire ; mais les gens du métier vous diront & une fatale expérience va vous le démontrer : que des bonnes pièces de 4 & de 8, font autant d'effet pour la guerre de campagne & sont préférables, sur bien des points de vue aux gros calibres : vous avez des canonniers de nouvelle levée, & vos adversaires ont des artilleurs des régimens de lignes qui sont dans leur art les maîtres de l'Europe.

Que fera votre armée ? Si elle se concentre à Aix, elle est perdue ; c'est un *axiome* dans l'art militaire, que celui qui reste derrière ses retranchemens est battu ; l'expérience & la théorie sont d'accord sur ce point, et les murailles d'Aix ne valent pas le plus mauvais retranchement de campagne ; sur-tout si l'on fait attention à leur étendue aux maisons qui les environnent extérieurement à la portée du pistolet. Soyez donc bien sûr que ce parti qui vous semble le meilleur est le plus mauvais. Comment pourrez-vous d'ailleurs approvisionner la ville en si peu de temps de tout ce qu'elle auroit besoin ?

Votre armée ira-t-elle à la rencontre des ennemis ? Mais elle n'a pas de cavalerie ; mais elle est moins nombreuse ; mais son artillerie est moins propre pour la campagne, elle seroit rompue dès-lors défaite sans ressource ; car la cavalerie l'empêchera de se rallier.

(5)

Attendez-vous donc à avoir la guerre dans le territoire de Marseille. Un parti assez nombreux y tient pour la République, ce sera le moment de l'effort, la jonction se fera, & cette ville le centre du commerce du Levant, l'entrepôt du Midi de l'Europe est perdue..... Souvenez-vous de l'exemple récent de l'Isle & des lois barbares de la guerre !!!

Mais quel esprit de vertige s'est tout d'un coup emparé de votre peuple ; quel aveuglement fatal le conduit à sa perte ? Comment peut-il prétendre résister à la République entière ? Quand il obligeroit cette armée à se replier sur Avignon, peut-il douter que sous peu de jours des nouveaux combatans ne viennent remplacer les premiers ? La République qui donne la loi à l'Europe la recevra-t-elle de Marseille ?

Unis avec Bordeaux, Lyon, Montpellier, Nismes, Grenoble, le Jura, l'Eure, le Calvados vous avez entrepris une révolution, vous aviez une probabilité de succès. Vos instigateurs pouvoient être mal-intentionnés, mais vous étiez une masse imposante de force. Au contraire, aujourd'hui que Lyon, Nismes, Montpellier, Bordeaux, le Jura, l'Eure, Grenoble, Caen ont reçu la Constitution ; aujourd'hui qu'Avignon, Tarascon, Arles ont pliés, avouez, qu'il y a dans votre opiniâtreté de la folie : c'est que vous êtes influencés par des personnes qui n'ayant plus rien à ménager, vous entraînent dans leur ruine.

Votre armée sera composée de tout ce que vous avez de plus aisés, des riches de votre ville ; car les sans-culottes pourroient trop facilement être tournés contre vous. Vous allez donc compromettre l'élite de votre jeunesse accoutumée à tenir la balance commerciale de la Méditerranée, & à vous enrichir par leurs économies & leurs spéculations, contre des vieux soldats cent fois teints du sang du furibond aristocrate ou du féroce Prussien.

Laissez les pays pauvres se battre jusqu'à la der-

(6)

nière extrémité. L'habitant du Vivarais, des Cévennes, de la Corse s'exposent sans crainte à l'issue d'un combat, s'il gagne il a rempli son but, s'il perd il se trouve comme auparavant dans le cas de faire la paix & et dans la même position..... Mais vous !!... Perdez une bataille & le fruit de mille ans de fatigues, de peines, d'économie, de bonheur, devient la proie du soldat.

Voilà cependant les risques que l'on vous fait courir avec autant d'inconsidération.

LE MARSEILLAIS.

Vous allez vîte et vous m'effrayez. Je conviens avec vous que la circonstance est critique : peut-être, vraiment, ne songe-t-on pas assez à la position où nous nous trouvons, mais avouez que nous avons encore des ressources immenses à vous opposer.

Vous m'avez persuadé que nous ne pourrions pas résister à Aix, votre observation du défaut de subsistance est peut-être sans réplique pour un siége de longue durée, mais pensez-vous que toute la Provence peut voir long-temps de sang-froid le blocus d'Aix, elle se lèvera spontanément, & votre armée cernée de tout côté se trouvera heureuse de repasser la Durance.

LE MILITAIRE.

Que c'est mal connoître l'esprit des hommes & celui du moment. Par tout il y a deux partis, dès le moment que vous serez assiégé, le parti Sectionnaires aura le dessous dans toutes les campagnes. L'exemple de Tarascon, de St-Remy, d'Orgon, d'Arles doit vous en convaincre, vingt dragons ont suffi pour rétablir les anciens administrateurs & mettre les autres en déroute.

Désormais tout grand mouvement en votre faveur

est impossible dans votre département, il pouvoit avoir lieu lorsque l'armée étoit au-delà de la Durance & que vous étiez entier... A Toulon les esprits sont très-divisés, & les sectionnaires n'y ont pas la même supériorité qu'à Marseille, il faut donc qu'ils restent dans leur ville pour contenir leur adversaire... Quand au département des Basses Alpes vous savez que presque la totalité a accepté la constitution.

LE MARSEILLAIS.

Nous attaquerons CARTEAUX dans nos montagnes où sa cavalerie ne lui sera d'aucun secours.

LE MILITAIRE.

Tout comme si une armée qui protége une ville étoit maîtresse du point d'attaque. D'ailleurs, il est faux qu'il existe des montagnes assez difficiles auprès de Marseille pour rendre nul l'effet de la cavalerie: seulement vos collines sont assez rapides pour rendre plus embarrassant le service de l'artillerie & donner un grand avantage à vos ennemis. Car s'est dans les pays coupés que par la vivacité des mouvemens, l'exactitude du service & la justesse de l'évaluation des distances, le bon artilleur a de supériorité.

LE MARSEILLAIS.

Vous nous croyez donc sans ressources, seroit-il possible qu'il fut dans la destinée de cette ville qui résistât aux Romains, conserva une partie de ses lois sous les despotes qui les ont suivis, qu'elle devînt la proie de quelques brigands ? Quoi ! l'Allobroge chargé des dépouilles de l'Isle fairoit la loi dans Marseille ! Quoi ! *Dubois-de-Crancé*, *Albitte* seroient sans contradicteurs! ces hommes altérés de

(8)

sang, que les malheurs des circonstances ont placés au timon des affaires seroient les maîtres absolus ? Quelle triste perspective vous m'offrez. Nos propriétés sous différens prétextes seroient envahies. A chaque instant nous serions victimes d'une soldatesques, que le pillage réunit sous le même drapeau. Nos meilleurs citoyens seroient emprisonnés & périroient par le crime ; le Club réléveroit sa tête monstreuse pour exécuter ses projets infernaux ; rien de pis que cette horrible idée, mieux vaut-il s'exposer à vaincre que d'être victime sans alternative.

LE MILITAIRE.

Voilà ce que c'est que la guerre civile, l'on se déchire, l'on s'abhorre, l'on se tue sans se connoître... Les Allobroges !... Que croyez-vous que ce soit des Affricains, des habitans de la Sibérie, eh ! point du tout, se sont vos compatriotes, des Provençaux, des Dauphinois, des Savoyards, l'on les croit barbares parce que leur nom est étranger. Si l'on appelloit votre phalange la phalange Phocéenne, l'on pourroit accréditer sur leur comptes toute espèce de fable. Il est vrai que vous m'avez rappellé un fait, c'est celui de l'*Isle,* je ne le justifie pas, mais je l'explique.

Les Lillois ont tué le trompette qu'on leur avoit envoyé, ils ont résisté sans espérance de succès, ils ont été pris d'assaut ; le soldat est entré au milieu du feu et des morts, il n'a plus été possible de le contenir. L'indignation a fait le reste.

Ces soldats que vous appelez brigands, sont nos meilleures troupes, & nos bataillons les plus disciplinés, leur réputation est au dessus de la calomnie.

Dubois-du-Crancé & *Albitte,* constans amis du peuple, ils n'ont jamais deviez de la ligne droite.... Ils sont scélérats aux yeux des mauvais. Mais *Condorcet, Brissot, Barbaroux* aussi étoient scélérats, lorsqu'ils étoient

étoient purs ; l'apanage des bons sera toujours d'être mal famé chez le méchant. Il vous semble qu'ils ne gardent aucune mesure avec vous, & au contraire, ils vous traitent en enfans égarés.... Pensez-vous que s'ils eussent voulu Marseille eu retiré les marchandises qu'elle avoit à Beaucaire, ils pouvoient les séquestrer jusqu'à l'issue de la guerre. Ils ne l'ont pas voulu faire, & grâce à eux vous pouvez vous retourner tranquillement chez vous.

Vous appelez CARTEAUX, un assassin, eh bien, sachez que ce général se donne les plus grandes sollicitudes pour l'ordre & la discipline, témoins sa conduite à Saint-Esprit & à Avignon ; l'on n'a pas pris une épingle, l'on n'a tué personne ... Il a fait emprisonner un sergent qui s'étoit permis d'arrêter un Marseillais de votre armée, qui étoit resté dans une maison parce qu'il avoit violé l'asyle du Citoyen, sans un ordre exprès. L'on a puni des Avignonnais qui s'étoient permis de désigner une maison comme aristocrate. L'on instruit le procès d'un soldat qui est accusé de vol.... Votre armée, au contraire a tué, assassiné plus de 30 personnes ; a violé l'asyle des familles, a rempli les prisons de Citoyens, sous le prétexte vague qu'ils étoient des brigands.

Ne vous effrayez point de l'armée, elle estime Marseille, parce qu'elle sait qu'aucune ville n'a tant fait de sacrifice à la chose publique. Vous avez 18,000 hommes à la frontière, & vous ne vous êtes point ménagés dans toutes les circonstances. Aussi secouez le joug du petit nombre d'aristocrates qui vous conduisent, reprenez des principes plus sains, & vous n'aurez point de plus vrais amis que le soldat.

LE MARSEILLAIS.

Ah ! vos soldats ils sont bien dégénérés de l'armée de 1789, elle ne voulut pas cette armée prendre les armes contre la nation, les vôtres devoient imiter un si bel exemple, & ne pas tourner leurs armes contre les citoyens.

LE MILITAIRE.

Avec ces principes, la Vendée auroit aujourd'hui planté le drapeau blanc, sur les murs de la Bastille relevée, & le camp de Jalès domineroit à Marseille.

LE MARSEILLAIS.

La Vendée veut un Roi, la Vendée veut une contre-révolution déclarée. La guerre de la Vendée, du camp de Jalès est celle du fanatisme, du despotisme, la nôtre au contraire est celle des vrais Républicains, amis des loix, de l'ordre, ennemis de l'anarchie & des scélérats. N'avons-nous pas le Drapeau tricolore? Et quel intérêt aurions-nous à vouloir l'esclavage.

LE MILITAIRE.

Je sais bien que le peuple de Marseille est bien loin de celui de la Vendée en fait de contre-révolution ; le peuple de la Vendée est robuste, sain ; celui de Marseille est foible et malade, il a besoin de miel pour avaler la pilule, pour y établir la nouvelle doctrine, l'on a besoin de le tromper. Mais depuis quatre ans de révolution, après tant de trames, de complots de conspirations, toute la perversité humaine s'est développée sous différens aspects ; les hommes ont perfectionné leur tact naturel ; cela est si vrai, que malgré la coalition départementale, malgré l'habileté des chefs, le grand nombre de ressort & l'union de tous les ennemis de la révolution, le peuple partout s'est réveillé au moment où on le croyoit ensorcelé.

Vous avez, dites-vous, le drapeau tricolore ?

Paoli aussi l'arbora en Corse pour avoir le tems de tromper le peuple, d'écraser les vrais amis de la liberté, pour pouvoir entraîner ses compatriotes dans ses projets ambitieux & criminels. Il arbora le drapeau tricolore, & il fit tirer contre les bâtimens de la République, & il fit chasser nos troupes des forteresses, & il désarma celles qui y étoient, & il fit des rassemblemens pour chasser celles qui restoient dans l'Ile ; & il pilla les magasins, en vendant à bas prix tout ce qu'il y avoit, afin d'avoir de l'argent pour soutenir sa révolte, & il ravagea & confisqua les biens des familles les plus aisées, parce qu'elles étoient attachées à l'unité de la République, & il se fit nommer Généralissime, & il déclara ennemis de la patrie tous ceux qui resteroient dans nos armées ; il avoit précédemment fait échouer l'expédition de Sardaigne. Et cependant il avoit l'impudeur de se dire ami de la France & bon républicain ; & cependant il trompa la Convention, qui rapporta son décret de destitution. Il fit si bien enfin, que lorsqu'il a été démasqué par ses propres lettres trouvées à Calvi, il n'étoit plus tems les flottes ennemies interceptoient toutes les communications.

Ce n'est plus aux paroles qu'il faut s'en tenir, il faut analyser les actions, & avouez qu'en appréciant les vôtres, il est facile de vous démontrer contre-révolutionnaire.

Quel effet a produit dans la République le mouvement que vous avez fait ? Vous l'avez conduite près de sa ruine ; vous avez retardé les opérations de nos armées Je ne sais pas si vous êtes payé par l'Espagnol et l'Autrichien ; mais certes, ils ne pouvoient pas désirer de plus heureuse diversion. Que feriez-vous de plus si vous l'étiez ? Vos succès sont l'objet des sollicitudes de tous les aristocrates reconnus. Vous avez placés à la tête de vos sections & de vos armées des aristocrates avoués, un *Latourette*, ci-devant Colonel ; un *Somise*, ci-devant

B 2

(12)

lieutenant-colonel du génie, qui ont abandonné leurs corps au moment de la guerre pour ne pas se battre pour la liberté du peuple. Vos bataillons sont pleins de pareilles gens, & votre cause ne seroit pas la leur, si elle étoit celle de la République.

LE MARSEILLAIS.

Mais *Brissot*, *Barbaroux*, *Condorcet*, *Buzot*, *Vergniaux*, *Guadet*, *&c.* sont-ils aussi aristocrates ? Qui a fondé la République ? Qui a renversé le tyran, qui a enfin soutenu la patrie à l'époque périlleuse de la dernière campagne ?

LE MILITAIRE.

Je ne cherche pas si vraiment ces hommes, qui avoient bien mérité du peuple dans tant d'occasions, ont conspirés contre lui ; ce qu'il me suffit de savoir, c'est que la montagne, par esprit public, ou par esprit de parti, s'étant portée aux dernières extrémités contr'eux, les ayant décrétés, emprisonnés, je veux même vous le passer, les ayant calomniés, les Brissotins étoient perdus sans une guerre civile qui les mît dans le cas de faire la loi à leurs ennemis. C'est donc pour eux vraiment que votre guerre étoit utile. S'ils avoient mérité leur réputation première, ils auroient jeté les armes à l'aspect de la Constitution, ils auroient sacrifiés leur intérêt au bien public ; mais il est plus facile de citer *Decius* que de l'imiter. Ils se sont aujourd'hui rendus coupables du plus grand de tous les crimes. Ils ont par leur conduite justifié leur décret.... Le sang qu'ils ont fait répandre a effaeé les vrais services qu'ils avoient rendus.

LE FABRIQUANT DE MONTPELLIER.

Vous avez envisagé la question sur le point de

vue le plus favorable à ces MM. ; car il paroît prouvé que les Brissotins étoient vraiment coupables. Mais coupables ou non, nous ne sommes plus dans le siècle où l'on se battoit pour les personnes.

L'Angleterre a versé des torrens de sang pour les familles de *l'Encastre* & d'*Yorck*. La France pour les *Lorains* & les *Bourbons*. Serions-nous encore à ces temps de barbarie !!!

LE NIMOIS.

Aussi avons nous abandonné les Marseillais, dès que nous nous sommes apperçus qu'ils vouloient la contre-révolution, & qu'ils se battoient pour des querelles particulières. Le masque est tombé, dès qu'ils ont refusé de publier la Constitution. Nous avons alors pardonné quelques irrégularités à la Montagne. Nous avons oublié *Rabaut* & ses Jérémiades pour ne voir que la République naissante, environnée de la plus monstrueuse des coalitions qui ménace de l'étouffer à son berceau, pour ne voir que la joie des aristocrates & l'Europe à vaincre.

LE MARSEILLAIS.

Vous nous avez lâchement abandonnés, après nous avoir excités par vos députations éphémeres.

LE NIMOIS.

Nous étions de bonne foi, & vous aviez le renard sous les aisselles ; nous voulions la République, nous avons dû accepter une Constitution Républicaine. Vous étiez mécontent de la Montagne & de la journée du 31 Mai, vous deviez donc encore accepter la Constitution pour la renvoyer & faire terminer sa mission.

(14)

LE MARSEILLAIS.

Nous voulons aussi la République; mais nous voulons que notre Constitution soit formée par des représentans libres dans leurs opérations; nous voulons la liberté, mais nous voulons que ce soit des représentans que nous estimons qui nous la donnent. Nous ne voulons pas que notre Constitution protege le pillage et l'anarchie. Notre première condition est point de club, point d'assemblée primaire, si fréquentes. Respect aux propriétés.

LE MONTPELLIER.

Il est palpable, pour qui veut réfléchir, qu'une partie de Marseille est contre-révolutionnaire. L'on avoue vouloir la République, mais c'est un rideau que l'on rendoit tous les jours plus transparent; l'on vous accoutumoit peu-à-peu à voir enfin la contre-révolution toute nue. Déjà le voile qui la couvroit n'étoit plus que de gaze; votre peuple étoit bon, mais avec le temps, l'on auroit perverti la masse, sans le génie de la Révolution qui veille sur elle.

Nos troupes ont bien mérité de la patrie pour avoir pris les armes contre vous avec autant d'énergie; ils n'ont pas dû imiter l'armée de 1789, puisque vous n'êtes pas la nation. Le centre d'unité est la Convention; c'est le vrai souverain sur-tout lorsque le peuple se trouve partagé.

Vous avez renversé toutes les loix, toutes les convenances. De quel droit destituiez-vous votre département? Etoit-ce Marseille qui l'avoit formé? De quel droit le bataillon de votre ville parcouroit-il les districts? De quel droit vos gardes nationales prétendoient-elles entrer dans Avignon? Le district de cette ville étoit le premier corps constitué, puisque le département étoit dissous? De quel droit prétendiez-vous violer le territoire de la Drôme? Et pourquoi croyez-vous que ce département n'ait pas le droit de requérir la force publique pour le défendre. Vous avez donc confondu tous les droits, vous avez établi l'anarchie, & puisque vous prétendez justifier vos opérations par le droit de la force, vous êtes donc des brigands, des anarchistes.

Vous avez établi un tribunal populaire; Marseille seul l'a nommé: il est contraire à toutes les loix. Ce ne peut être qu'un tribunal de sang, puisque c'est le tribunal d'une faction. Vous avez soumis par la force à ce tribunal, tout votre département. De quel droit? Vous usurpez donc cette autorité que vous reprochez injustement à Paris? Votre comité des sections a reconnu des affiliations: voilà donc une coalition pareille à celle des clubs, contre qui vous vous récriez. Votre comité a exercé des actes d'administration sur les communes du Var. Voilà donc la division territoriale méconnue.

Vous avez à Avignon emprisonné sans mandat, sans décret, sans réquisition des Corps Administratifs, vous avez violés les asiles des familles, méconnu la liberté individuelle; vous avez de sang-froid assassiné sur les places publiques; vous avez renouvellez les scenes dont vous exagérés l'horreur, & qui ont affligé l'origine de la révolution, sans informations et sans procès, sans connoître les victimes; seulement sur la désignation de leurs ennemis; vous les avez prises, arrachées à leurs enfans, traînées dans les rues, & les avoient fait périr sous les coups de sabre. L'on en compte jusqu'à trente que vous avez ainsi sacrifiéz. Vous avez traîné la statue de la Liberté dans la boue, vous l'avez exécutée publiquement, elle a été l'objet des avanies de toute espèce d'une jeunesse effrénée. Vous l'avez lacérée à coup de sabre, vous ne sauriez le nier, il étoit midi, plus de 200 personnes des votres assisterent à cette profanation criminelle: le cortege a traversés plu-

(16)

sieurs rues, est arrivé à la place de l'Horloge est passée par la rue de l'Epicerie, &c. J'arrête mes réflexions & mon indignation, est-ce donc ainsi que vous voulez le République ? Vous avez rétardé la marche de nos armées en arrêtant les convois ; comment pouvoir se refuser à l'évidence de tant de faits, & comment vous épargner le titre d'ennemis de la Patrie.

LE MILITAIRE.

Il est de la dernière évidence que les Marseillais ont nuit aux opérations de nos armées & vouloient détruire la Liberté, mais ce n'est pas ce dont il s'agit ici. La question est de savoir ce qu'ils peuvent espérer, & quel parti il leur reste à prendre ?

LE MARSEILLAIS.

Nous avons moins de ressource que je ne pensois, mais l'on est bien fort lorsque l'on est résolu à mourir & nous le sommes, plutôt que de réprendre le joug des hommes de sang qui gouvernent l'état. Vous savez qu'un homme qui se noie s'accroche à toutes les branches, aussi plutôt que de nous laisser égorger nous... Oui, nous avons tous pris part à cette nouvelle révolution, tous nous serons sacrifiés par la vengeance. Il y a deux mois que l'on avoit conspiré d'égorger 4,000 de nos meilleurs citoyens, jugez à quel excès l'on se porteroit aujourd'hui.... L'on se ressouviendra toujours de ce monstre qui étoit cependant un des principaux du Club, il fit lanterner un citoyen, il pilla sa maison & viola sa femme après lui avoir fait boire un verre du sang de son mari....

LE MILITAIRE.

(17)

LE MILITAIRE.

Quelle horreur ! mais ce fait est-il vrai ? Je m'en méfie, car vous savez que l'on ne croit plus au viol aujourd'hui....

LE MARSEILLAIS.

Oui, plutôt que de nous soumettre à de pareils gens, nous nous porterons à la dernière extrémité, nous nous donnerons aux ennemis ; nous appellerons les Espagnols. Il n'y a point de peuple dont le caractère soit moins compatible avec le nôtre, il n'y en a point de plus haïssable. Jugez donc par le sacrifice que nous ferons de la méchanceté des hommes que nous craignons.

LE MILITAIRE.

Vous donner aux Espagnols !!... Nous ne vous en donnerons pas le temps.

LE MARSEILLAIS.

L'on les signale tous les jours devant nos ports.

LE NIMOIS.

Pour voir lesquels des Fédérés ou de la Montagne tient pour la République, cette menace seule me suffit. La Montagne a été un moment la plus foible. La commotion paroissoit générale. A-t-elle cependant jamais parlé d'appeler les ennemis ? Ne sentez-vous pas que s'est un combat à mort que celui des patriotes et des despotes de l'Europe. Si donc vous espérez des secours de leur part, c'est que vos meneurs ont des bonnes raison pour en être accueillis.

C

(18)

Mais j'ai encore trop bonne opinion de votre peuple, pour croire que vous soyez les plus forts à Marseille dans l'exécution d'un si lâche projet.

LE MILITAIRE.

Pensez-vous que vous feriez un grand tort à la République, & que votre menace soit bien effrayante. Evaluons-là.

Les Espagnols n'ont point des troupes de débarquemens, leurs vaisseaux ne peuvent pas entrer dans votre port. Si vous appelliez les Espagnols ça pourroit être utile à vos meneurs, pour se sauver avec une partie de leur fortune. Mais l'indignation seroit générale dans toute la république, vous auriez 60,000 hommes sur les bras avant huit jours. Les Espagnols emporteroient de Marseille tout ce qu'ils pourroient, & il en resteroit encore assez pour enrichir les vainqueurs.

Si les Espagnols avoient 30 ou 40,000 hommes sur leur flotte, tout prêts à pouvoir débarquer, votre menace seroit effrayante ; mais aujourd'hui elle n'est que ridicule, elle ne fairoit que hâter votre ruine.

LE FABRICANT DE MONTPELLIER.

Si vous étiez capable d'une pareille bassesse. Il ne faudroit pas laisser pierre sur pierre dans votre superbe cité. Il faudroit que d'ici à un mois, le voyageur passant sur vos ruines ; vous crût détruit depuis cent ans.

LE MILITAIRE.

Croyez-moi, Marseillais, secouez le joug du petit nombre des scélérats qui vous conduisent à la contre-révolution, rétablissez vos autorités constituées, acceptez la Constitution ; rendez la liberté aux Représentans, qu'ils aillent à Paris intercéder pour vous. Vous avez été égarés, il n'est pas nouveau que le peuple le soit par un petit nombre de conspirateurs & d'intrigans. De tout temps la facilité & l'ignorance de la multitude ont été la cause de la plupart des guerres civiles.

LE MARSEILLAIS.

Eh ! M. qui mettra le bien, sera-ce les réfugiés qui nous arrivent de tous les côtés du département ? Ils sont intéressés à agir en désespérés. Sera-ce ceux qui nous gouvernent, ne sont-ils pas dans le même cas ? Sera-ce le peuple ? Une partie ne connoît pas sa position est aveuglée & fanatisée ; l'autre partie est désarmée, suspectée, humiliée ; je vois donc avec une profonde affliction des malheurs sans remede.

LE MILITAIRE.

Vous voilà enfin raisonnable. Pourquoi une pareille révolution, ne s'opérerait-elle pas, sur un grand nombre de vos Citoyens, qui sont trompés et de bonne foi ? Alors *Albitte* qui ne peut que vouloir épargner le sang Français, vous enverra quelque homme loyal et habile ; l'on sera d'accord, & l'armée sans s'arrêter un seul moment, ira sous les murs de Perpignan, faire danser *la Carmagnole* à l'Espagnol, énorgueilli de quelques succès.

Eh ! Marseille sera toujours le centre de gravité de la Liberté, ce sera seulement quelques feuillets qu'il faudra arracher de son Histoire.

Cet heureux pronostic nous remit en hu-

(20)

meur, le Marseillais nous payât de bon cœur plusieurs bouteilles de Champagne qui dissiperent entierement les soucis et les sollicitudes. Nous allames nous coucher à deux heures du matin, nous donnant rendez-vous au déjeûner du lendemain, où le Marseillais avoit encore bien des doutes à proposer, et moi bien des vérités intéressantes à lui apprendre.

FIN.

APPENDICE

Note A

Correspondant ci-dessus à la page 27

Nous croyons être le premier à signaler l'existence des deux éditions du *Souper de Beaucaire*, publiées sans doute à quelques jours d'intervalle, en 1793, la première, aux frais de Bonaparte ; la seconde, à ceux du trésor public (1). Ce fait ressort, avec la plus grande évidence, de l'examen des deux exemplaires de la brochure de Napoléon, absolument différents l'un de l'autre, que possède la bibliothèque d'Avignon (2).

(1) Voyez ci-dessus, p. 422.

(2) L'existence de ces deux éditions explique parfaitement, d'un côté, la réclamation de Sabin Tournal, faite, en 1804, à l'empereur, en paiement d'une dette de 200 fr., montant de la première édition ; et, d'un autre côté, la lettre de Louis Bonaparte à l'imprimeur Marc-Aurel, en 1799, pour lui demander quelques exemplaires de la se-

Celui que, jusqu'à preuve du contraire, nous considérerons comme provenant de la première édition, est contenu dans le volume de la collection Requien, intitulé : *Recueil sur Avignon*, supplément ; 1792-1799 ; — Histoire, n° 3137, in-8os, etc., n° 1794.

Cet exemplaire est imprimé avec les mêmes caractères et sur le même papier que le *Courrier d'Avignon*, de Sabin Tournal ; et c'est sans doute un de ceux qui furent édités, le plus économiquement possible, aux frais de Bonaparte, et demeurèrent impayés jusqu'en 1804, comme il a été dit ci-dessus, page 28. Il comprend une seule feuille d'impression, soit seize pages in-8°, sans frontispice, et présente cette curieuse particularité que, les douze premières pages étant imprimées en caractères du calibre 10, les quatre dernières pages, à partir de la neuvième ligne de la treizième page, sont composées en caractères de 8, sauf la conclusion en huit lignes, au bas de la page 16, qui est exécutée à son tour en caractères de 10, et, faute d'espace, ne porte pas à sa suite le mot *FIN*, qui figure dans la deuxième édition. Cet emploi anormal de caractères plus petits dans les quatre dernières pages, nous paraît devoir être attribué au désir exprimé par l'auteur, — dans un but d'économie sans doute, — de ne pas dépasser la feuille d'impression de *seize* pages.

De plus, cet exemplaire, orné en tête d'un cartouche portant les mots : ÉGALITÉ, LIBERTÉ, présente un titre en huit lignes ainsi conçu :

SOUPER DE BEAUCAIRE OU DIALOGUE *entre un militaire de l'armée de Carteaux, un Marseillais, un Nimois et un fabriquant de Montpellier, sur les évènemens qui sont*

conde édition, que ce typographe avait sans doute lui-même exécutée aux frais du trésor public, par ordre des commissaires de la Convention (V. ci-dessus, pag. 28.)

arrivés dans le ci-devant Comtat à l'arrivée des Marseillais.

Quant à la justification des pages de cet exemplaire, elle présente 0m 164 de hauteur moyenne, sur 0m 088 de largeur.

⁂

Le second exemplaire, que nous considérons comme appartenant à la deuxième édition, imprimée par Marc-Aurel, aux frais du trésor public, est contenu dans le volume de la bibliothèque d'Avignon, provenant de la collection Chambaud, intitulé : *Recueil sur la Révolution d'Avignon et du Comtat Venaissin*, t. VIII, du 6 janvier au 12 septembre 1793.

Cet exemplaire se compose de *vingt* pages, au lieu de *seize*, sans frontispice, comme le précédent ; il est imprimé en entier en caractères de 10. La conclusion, composée de dix lignes, est seule imprimée en caractères du calibre 11, et se termine par le mot *FIN*, placé au-dessous. La seconde édition ne porte pas en tête, comme la première, un titre complet en huit lignes, mais simplement : SOUPER DE BEAUCAIRE, en deux lignes, ainsi que nous l'avons reproduit dans le *fac-simile* qui précède. La justification des pages offre, en moyenne, 0m 145 de hauteur, sur 0m 085 de largeur.

Dans la préface de la réédition d'août 1821, publiée par Chaumerot aîné, il est dit, contre toute probabilité, que, lors de son apparition, la brochure de Napoléon ne fit « aucune sensation. Ce ne fut que lorsque Bonaparte devint général en chef, ajoute l'éditeur, que M. Loubet, secrétaire de feu Sabin Tournal, qui en avait conservé un exemplaire, y attacha quelque prix, parce que cet exemplaire était signé de la main de son auteur. Il le montra alors à plusieurs personnes d'Avignon. M. Loubet étant mort, continue l'éditeur, on s'est adressé à son fils, par l'intermédiaire de M. M***, et on a obtenu la copie exacte de cet opuscule, dont il n'existe plus sans doute que ce seul exemplaire » (1).

Quoi qu'il en soit, les deux exemplaires de 1793 sont d'une rédaction identique; et, à l'exception d'un terme impropre employé à la page 6, dans la première, et corrigé dans la seconde, il n'existe entre les deux textes que de légères discordances orthographiques et quelques incorrections typographiques variables dans les deux éditions.

Nous devons ajouter qu'en reproduisant ci-dessus le *fac-simile* de la deuxième édition, nous avons cru pouvoir nous affranchir d'une imitation absolument servile, et nous borner à reproduire l'exacte disposition des pages et des lignes, en ne laissant subsister que les incorrections orthographiques communes aux deux exemplaires, sans tenir compte des erreurs typographiques différentes dans les deux éditions et qui ne sauraient être attribuées au caprice de l'auteur, mais doivent provenir exclusivement de la négligence de l'imprimeur.

Nous donnons, du reste, ci-après, le tableau comparatif des diverses discordances relevées sur les deux exemplaires de la bibliothèque d'Avignon.

(1) *Le Souper de Beaucaire*, suivi de la *Lettre à M. Matteo Buttafuoco*, par Napoléon Bonaparte, prix : 1 franc. Paris, Chaumerot aîné, et chez tous les libraires du Palais-Royal, août 1821 ; brochure in-8° de 32 pages, précédée d'une préface de 6 pages.

TABLEAU COMPARATIF

DES DISCORDANCES RELEVÉES SUR LES DEUX ÉDITIONS DE 1793 (1)

PREMIÈRE ÉDITION *en 16 pages*	DEUXIÈME ÉDITION *en 20 pages*
P. 1, l. 16, il ne leur restoit.	P. 1, l. 19, *ils* ne leur restoit.
P. 2, l. 9, *puisqn'elle* n'a fait aucune attaque.	P. 2, l. 4, puisqu'elle n'a fait aucune attaque.
P. 2, l. 11 et 12, a *cher..hé.*	P. 2, l. 6, a cherché.
P. 2, l. 23, toutes leurs communications.	P. 2, l. 17, toutes *leur* communications.
P. 2, l. 34, bataillons.	P. 2, l. 29, *bataillon.*
P. 3, l. 12, vous vous êtes trouvés seuls.	P. 3, l. 10, vous vous êtes *trouvez* seuls.
P. 3, l. 14, *étoieut* déjà.	P. 3, l. 12, étoient déjà.
P. 3, l. 16 et 17, leur accomodement.	P. 3, l. 15, *lieur* accommodement.
P. 3, l. 25, de services éclatans.	P. 3, l. 24, de services *éclatant.*
P. 4, l. 16, va vous le démontrer.	P. 4, l. 16, *vas* vous le démontrer.
P. 4, l. 18, sur bien des points.	P 4, l. 19, sur bien *det* points.
P. 4, l. 23, c'est un *axiôme.*	P. 4, l. 24, c'est un axiome.
P. 4, l. 30, le *meilleu.ı.*	P. 4, l. 31 et 32, le meilleur.
P. 5, l. 1, la jonction.	P. 5, l. 4, *l'a* jonction.
P. 5, l. 10, à se replier.	P. 5, l. 12, à se *réplier.*
P. 5, l. 22, avouez.	P. 5, l. 25, *avoués.*
P. 5, l. 31, leurs économies.	P. 5, l. 35, leurs *économie.*

(1) Voir ci-dessus les différences signalées dans les deux titres.

P. 6, l. 24 et 25, pour *met-tre* les anciens administrateurs et *mettre* les autres en déroute.

P. 6, l. 30, *Seđtionnaires.*

P. 6, l. 37, où sa cavalerie.

P. 7, l. 9, dans les pays coupés.

P. 7, l. 11, a de supériorité.

P. 7, l. 23 et 24, quelle triste perspective vous m'offrez.

P. 7, l. 24, A chaque instant.

P. 7, l. 29, *cete* horrible idée.

P. 7, l. 36, *de* habitans de la Sibérie, hé ! point du tout.

P. 8, l. 2 et 3, l'on les croit *barbare.*

P. 8, l. 4, votre phalange, la phalange Phocéenne.

P. 8, l. 5, toute espèce.

P. 8, l. 11, et des *mort.*

P. 8, l. 13, que vous appelez brigands.

P. 8, l. 19, aussi étoient *scé-lérat.*

P. 8, l. 22, aucune *mesures* avec vous.

P. 8, l. 26, ils ne *l'on* pas voulu faire.

P. 8, l. 34, un sergent qui *s'étoient* permis.

P. 9, l. 9, secouez le joug.

P. 9. l. 20, la Vendée auroit.

P. 9, l. 21, *plantée* le drapeau blanc.

P. 9. l. 35, est robuste, sain;

P. 10, l. 5, sous différens aspects ;

P. 6, l. 32 et 33, pour *réta-blir* les anciens administrateurs et *mettre* les autres en déroute

P. 7, l. 4, Sectionnaires.

P. 7, l. 12, *ou* sa cavalerie.

P. 7, l. 21, dans les pays *couper.*

P. 7, l. 23, *à* de supériorité.

P. 8, l. 3, quelle triste perspective vous *m'offez.*

P. 8, l. 4, à *cha-* instant.

P. 8, l. 9, Cette horrible idée.

P. 8, l. 16, des habitans de la Sibérie, hé ! point *de* tout.

P. 8, l. 18 et 19, l'on les croit barbares.

P. 8, l. 20, votre phalange, *le* phalange Phocéenne.

P. 8, l. 21, *toutes spece.*

P. 8, l. 28, et des morts.

P. 8, l. 30, que vous appelez *brigand.*

P. 8, l. 36, aussi étoient scélérats.

P. 9, l. 3, aucune mesure avec vous.

P. 9, l. 7, ils ne l'ont pas voulu faire.

P. 9, l. 15, un sergent qui s'étoit permis.

P. 9, l. 29, *secoués* le joug.

P. 10, l. 4, la Vendée *auroient.*

P. 10, l. 5, planté le drapeau blanc.

P. 10, l. 19, est robuste, *saint.*

P. 10, l. 25, sous différens *aspect.*

P. 10, l. 7, 8, 9 et 10, malgré l'habileté des chefs, le grand nombre de *ressort* et l'union de tous les ennemis de la révolution, le peuple partout s'est réveillé.	P. 10, l. 28, 29, 30 et 31, malgré l'habileté des chefs. Le grand nombre de *ressort* et l'union de tous les ennemis de la révolution. Le peuple partout s'est réveillé.
P. 12, l. 3, favorable à ces Messieurs;	P. 13, l. 1, favorable à ces MM.;
P. 13, l. 9, LE FABRIQUANT DE MONTPELLIER.	P. 14, l. 11, LE MONTPELLIER.
P. 14, l. 27, il leur reste à prendre ?	P. 16, l. 14, il leur *restent* à prendre ?
P. 15, l. 12, tous les *jous.*	P. 17, l. 18, tous les jours.
P. 15, l. 33, *Marseilles.*	P. 18, l. 15, Marseille.
P. 16, l. 5, secouez le joug.	P. 18, l. 30, *sécoüé* le joug.
P. 16, l. 7, acceptez la Constitution.	P. 19, l. 1, *acceptés* la Constitution.

Note B.

Correspondant ci-dessus à la page 40.

Dès son arrivée sur le continent, la famille Bonaparte avait contracté de nombreuses et étroites relations d'amitié avec plusieurs familles de la Provence, et nous avons déjà précédemment reproduit une première lettre, écrite le 26 août 1785, par Joseph Bonaparte, à M. le comte d'Isoard.

Parmi les autres lettres inédites dont notre excellent ami M. Wiliam-C. Bonaparte-Wyse a bien voulu nous donner communication, nous trouvons la suivante, adressée, le 15 mars 1794, par Madame Lætitia au peintre arlésien Réattu (1) :

« *Au citoyen* Reatu, *poste restante, à Paris.*

« Marseilles, *le* 27 *ventôse an II.*

« *La citoyenne Buonaparte au C.* Réatu.

« *J'ai* reçue *Citoyen, votre lettre avec le plus possible plai-*

(1) Jacques Réattu, peintre d'histoire, membre correspondant de l'Institut, né à Arles, le 11 juin 1760, entra en 1773 dans l'atelier de Jullien, à Paris, puis dans celui de Régnault en 1789. Il obtint, en 1791, le grand prix de Rome, par son tableau de la *Justification de Suzanne.* En 1795, il quitta Rome pour venir habiter Marseille où il fréquenta intimément la famille Bonaparte, alors obscure et malheureuse. Plus d'une fois, par les froides et pluvieuses soirées d'hiver, il descendait l'escalier du grand théâtre, abritant sous son manteau, d'un côté son ami Poize, et, de l'autre, Pauline Bonaparte, la future prin-

sir ; je suis charmé *que votre voyage* est *été* heureuse. *J'ai fait parvenir votre lettre à Lucien qui a été un mois* baloté *par les mauvais tems ; j'ignore s'il est arrivé, n'ayant point eu de lettres. — Je vous remercie d'avoir fait tenir ma lettre à mon fils ; je vous prie, si vous le* voyé, *de luy dire de* netre *pas si* pareusseux.

« *Nos amis vous saluent,* — soyés persuadés *que je* seres enchanté *toutes* lés *fois que j'aurai de vos nouvelles.*

« *Mlle Élisa vous donnera* sés *commissions quand elle aura* étudiée *pour écrire lisiblement ; en attendant, elle se rappelle à votre souvenir.*

« *Je suis*

« *Avec amitié et estime*

« *Votre* concitoyene

« BUONAPARTE. »

Trois ans plus tard,

> ..... aux jours de Thermidor,
> Lorsqu'au bruit des canons dansait la République ;
> Lorsque la Tallien, soulevant sa tunique,

— « qui remontait au temps d'Alcibiade et au-dessus du genou, » (1) —

> Faisait de ses pieds nus craquer les anneaux d'or,

et que la future princesse de Chimay, cause indirecte mais

cesse Borghèse. Faisant allusion à sa haute stature, il se comparait alors plaisamment à l'*Hercule protecteur* figuré sur les monnaies de la République. Jacques Réattu mourut à Arles le 7 avril 1833 Sa fille, Madame Grange, a réuni dans sa maison, à Arles, tout ce qu'elle a pu sauver des travaux de son père. Le chef-d'œuvre de Réattu est son tableau de l'*Échelle mystérieuse,* peint en 1796.

(1) A. de Pontmartin.

très réelle de la chute de Robespierre, éblouissait Paris par sa beauté et la splendeur de ses fêtes, Lucien Bonaparte, alors commissaire-ordonnateur en Corse, et l'un des plus fervents admirateurs de la belle espagnole, lui écrivait, le 8 janvier 1797 :

« *A Madame Tallien, à Chaillot, Paris.*

« A Marseille, le 18 du mois de nivose an V (8 janvier 1797 de la République Française, une et indivisible.

« *Buonaparte, commissaire des Guerres, à Madame Tallien,*

« *Je prends la liberté, mon adorable sœur, de me* rappeller *à votre souvenir; avant de me déterminer à vous écrire, je me suis dit :* « les absents pour l'ordinaire sont importuns ; » *mais cette idée passagère a cédé à un sentiment plus consolant pour moi..... que voulez-vous? je me rappelle souvent que vous m'avez donné le titre précieux de frère, et ce souvenir me rend une confiance peut-être mal fondée...... Quoi qu'il en soit, permettez-moi d'occuper un de vos moments :* « Si lagneran le grazie e gl' amorini ; » *mais les grâces et les amours n'ont qu'à bouder.... il fau-*

dra bien que leur bouderie finisse: et l'amitié sincère que je vous ai vouée mérite bien quelque chose.

« *Cette lettre vous sera remise par le C.* Réatu, *artiste distingué. Il va à Paris solliciter du gouvernement une justice qu'il obtiendra sans doute, si vous daignez vous en mêler. L'amitié qui m'unit à* Réatu *me fait désirer son succès bien vivement, et je souhaiterais bien qu'il le dût à ma sœur.*

« *Au reste, Madame, je me flatte que le caractère particulier de mon ami ne vous fera pas regretter l'intérêt que vous voudriez bien prendre à lui : ses talents, la justice de sa cause, son caractère* personel *sont autant de titres à votre protection : permettez-moi d'y ajouter la vive* recomandation *de*

Votre frère et dévoué concitoyen,

L. BUONAPARTE.

Place Montillon, n° 15 à *Marseilles.*

P.-S. — *Je pars bientôt pour la Corse : si vous aviez des ordres à me donner, vous avez mon adresse ; je recevrais avec empressement tout ce qui* pourait *venir de votre part.*

L. B.

« *Je ne puis finir sans vous témoigner combien j'envie le sort de mon ami qui va bientôt jouir de votre présence.*

L. B.

Nous trouvons enfin, dans la série de ces mêmes documents autographes, un dernier billet adressé par Réattu à Joseph Bonaparte, le 14 novembre de la même année :

« *Au Citoyen Joseph Buonaparte, à Mortfontaine.*

« *Réattu s'était proposé de visiter la famille Buonaparte à son passage à Mortfontaine ; les circonstances en ayant ordonné autrement, et désirant les y voir avant son retour à Paris, Réattu fait mille et mille amitiés au citoyen Joseph, et le prie de lui faire savoir, par le porteur du présent, s'ils prolongeront* leurs *séjour à Mortfontaine, jusqu'au 6 du courant.*

« Ermenonville, le 4 frimaire an VI, (24 novembre 1797.) »

Et Lucien, répondant pour son frère Joseph, renvoie à Réattu son billet, après y avoir ajouté la phrase suivante :

« *Jusqu'au 7 courant nous te verrons avec grand plaisir.*

« LUCIEN » (1).

(1) Notre ami, M. W.-C. Bonaparte-Wyse, petit-fils, par sa mère, de Lucien Bonaparte, nous informe qu'il tient les originaux de ces trois dernières lettres de Madame Grange, petite-fille du peintre Réattu.

Imprimé

A AVIGNON

chez

SEGUIN FRÈRES, IMPRIMEURS-ÉDITEURS

Janvier 1881

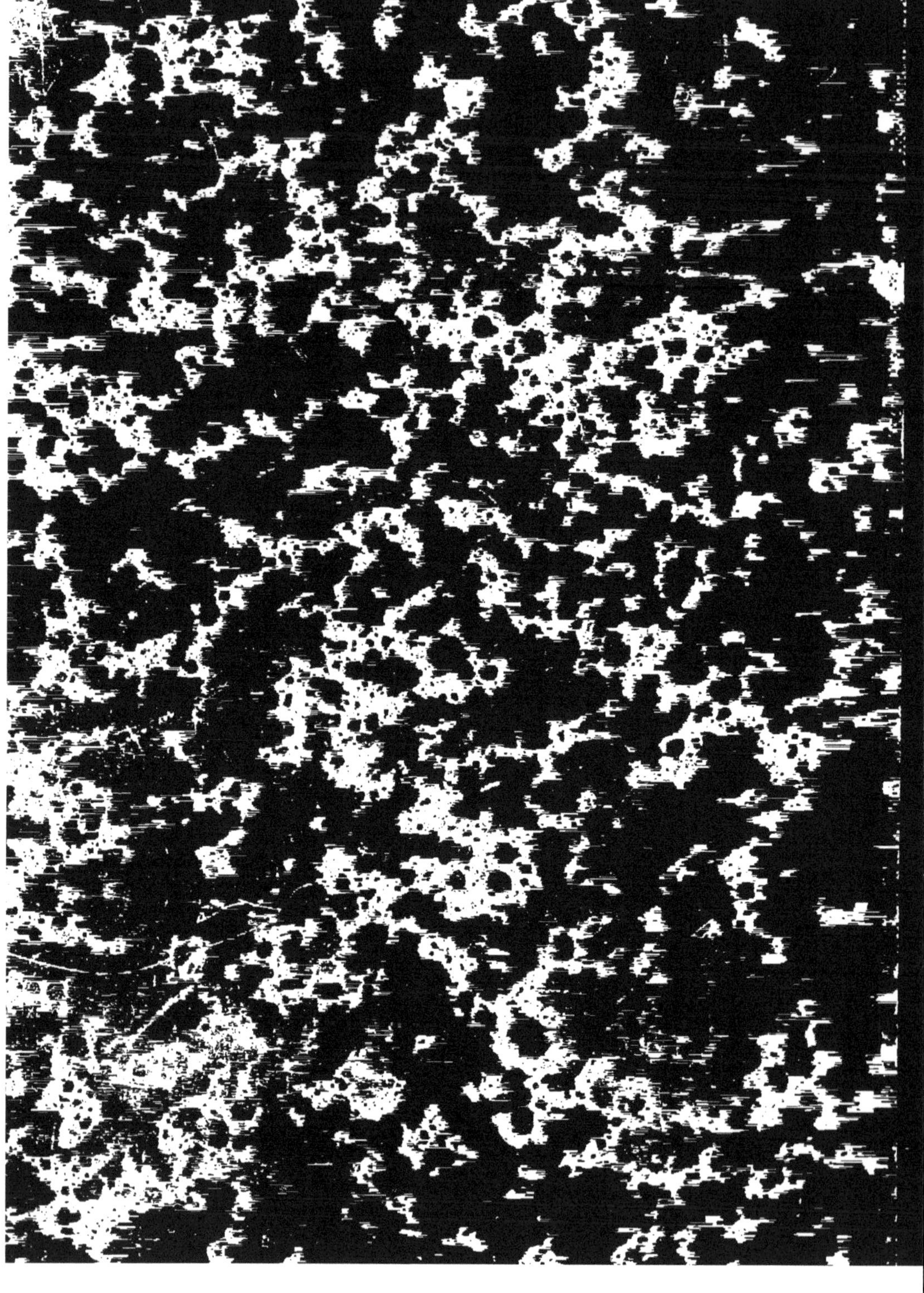

www.ingramcontent.com/pod-product-compliance
Ingram Content Group UK Ltd.
Pitfield, Milton Keynes, MK11 3LW, UK
UKHW020403230726
13925UKWH00003B/1234